Petra Hirscher
Gerald Drews

# Das Buch für Jungen

Petra Hirscher, Gerald Drews

# Das Buch für

# JUNGEN

Alles über Freundschaft,
Liebe und Sexualität

PATTLOCH

Besuchen Sie uns im Internet:
www.pattloch.de

Text: Gerald Drews und Petra Hirscher
Psychologische Beratung: Anne Ibsch-Wolf M.A.
Redaktion: Michael Schönberger
Fotos: Corbis: Artiga Photo S. 135 /Frank and Helena/Cultura S. 40, 95 /
Helena Karlsson/Cultura S. 175 /Emely S. 167 /S. Hammid S. 108 /Roy Hsu S. 12 /
Image Source S. 26, 89 /Estelle Klawitter S. 120 /Ocean S. 139 /Laurence Mouton/
PhotoAlto S. 85 /STOCK4B-RF/Stock4B S. 219 /Wolfgang Weinhäupl/Westend61 S. 76-77;
Getty images: Ray Kachatorian S. 39 /Peter Nicholson S. 190 /Stockbyte S. 126
Illustrationen: Susanne Kracht
Umschlaggestaltung: ZERO Werbeagentur, München
Umschlagabbildung: FinePic®, München
Satz: Adobe InDesign im Verlag
Druck und Bindung: Offizin Andersen Nexö Leipzig GmbH, Zwenkau
Printed in Germany
ISBN 978-3-629-14101-9

2  4  5  3  1

# INHALT

## KAPITEL 3

### Body & Soul: Von Körperkult und Körperkultur

## KAPITEL 4

### Schnupperkurs: Der erste Kontakt zum anderen Geschlecht

## KAPITEL 5

### Jetzt geht's los: Miteinander gehen

komme ich da bloß drüber hinweg? 122 ★ Ich liebe sie noch immer.
Wie kriege ich sie nur zurück? 123

## KAPITEL 7

## KAPITEL 8

## KAPITEL 11

Und die Moral von der Geschicht':
Was zum Schluss gesagt werden sollte …

## ANHANG

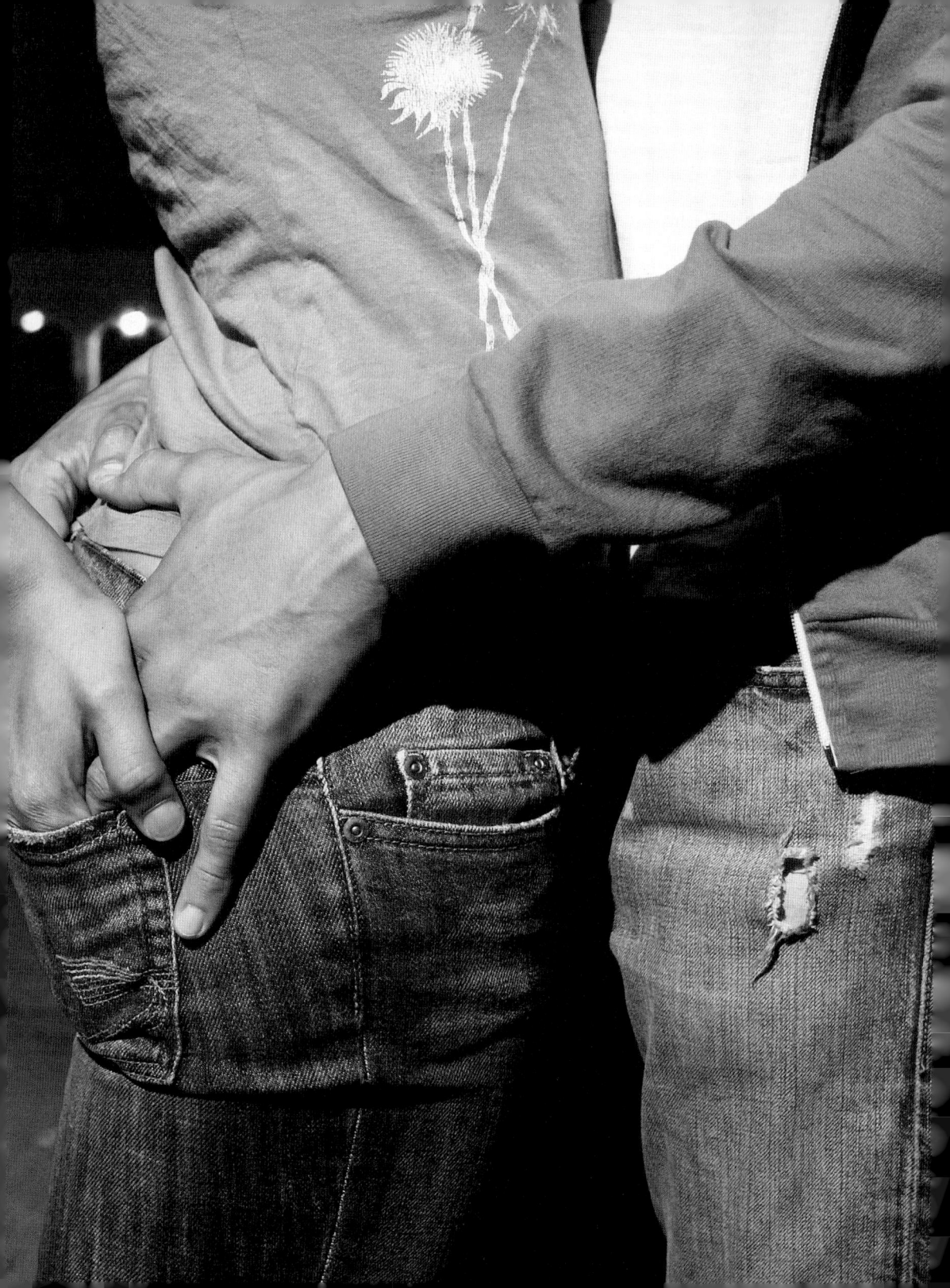

# Lass uns drüber reden,

auf dem Schulhof hast du sie gesehen und du sagst zu dir: Die da, der Junge und das Mädchen, die sind gar nicht viel älter als ich, und die gehen schon miteinander. Wie find ich das denn, ist das doof? Nein, irgendwie cool ist es schon. Da ist nichts peinlich.

★ Ja, es passieren jetzt aufregende Dinge um dich und auch mit dir!

Tausend Fragen gehen dir durch den Kopf: Was passiert in meinem Körper? Bin ich attraktiv? Wie schmeckt wohl der erste Kuss und wie fühlt sich eigentlich Liebe an?

★ Ja, ohne Zweifel, du bist in der Pubertät, du wirst erwachsen!

Dir gehen jetzt tausend Fragen durch den Kopf. Und vor allem drei kommen immer wieder: Wenn ich ein Mädchen toll finde, mit der ich gehen will, wie zeige ich es ihr? Und dann, wenn's ernst wird, wie geht Sex und wie verhütet man sicher?

Mit wem kann ich darüber sprechen? Mit meinem Bruder, meiner Schwester, mit den Eltern, einem Lehrer? Eher nicht. Darum gibt es dieses Buch. Das gibt Antwort auf all die wichtigen Fragen, die dich jetzt bedrängen. Und es gibt offen und ehrlich Antwort.

Und hinten im Buch gibt es noch viele Adressen. Da findest du Anlaufstellen, wenn du Probleme hast und lieber mit Außenstehenden reden willst, denen du vertrauen kannst.

Petra Hirscher und Gerald Drews

13

# KAPITEL 1
Aus nächster Nähe:
   Du, deine Familie und deine Freunde

## ★ Wann beginnt eigentlich die Pubertät?

Bin ich schon oder bin ich noch nicht? Woran kann ich es erkennen? Die Pubertät verläuft in drei Phasen. Die erste Phase,
die Vorpubertät, reicht etwa vom 11. bis zum 14. Lebensjahr.
Jetzt wachsen Körper- und Schamhaare. Nun werden auch die
ersten Sexualhormone produziert: Bei Mädchen schüttet der Körper Östrogene und Progesteron, bei Jungen Testosteron und bei
beiden Geschlechtern Androgene und vermehrt Adrenalin aus.
Mädchen bekommen die erste Menstruation, Jungen den ersten
Samenerguss. Ausführlicheres zu diesem Thema erfährst du in
Kapitel 2: »Kein Buch mit sieben Siegeln: Du und dein Körper«.

> **Was heißt eigentlich ...**
> **... Pubertät?** Im Lateinischen bedeutet das Wort *pubertas*
> Geschlechtsreife, Mannbarkeit.

Die Pubertät fängt bei Mädchen normalerweise zwei Jahre früher
an als bei Jungen. Sie dauert bei Mädchen etwa drei bis vier Jahre,
bei Jungen rund ein Jahr länger. In dieser Zeit verändert sich die
Steuerung der Hormone im Körper und damit auch dein Körper selbst und deine Gefühlswelt. Viele verschiedene Emotionen

würfeln dich jetzt durcheinander: Traurigkeit und Wut, Schüchternheit und Aufbegehren, Albernheit und Fröhlichkeit können einander ziemlich schnell abwechseln.

In der eigentlichen Pubertät zwischen dem 15. und dem 16. Lebensjahr setzt sich die geistige und körperliche Entwicklung rasant fort. Du hinterfragst die Welt der Erwachsenen mehr, als du es früher getan hast. Vielleicht kommen auch Gedanken wie: »Wer bin ich, was will ich, was macht mich aus?« Deine Freunde und deine Clique werden dir zunehmend wichtiger. Oft kommt es – statistisch gesehen – schon zu ersten Erfahrungen mit dem anderen Geschlecht: Man »geht« miteinander oder ist zumindest verknallt.

In der Nachpubertät, etwa im 17. bis 18. Lebensjahr, entwickelt sich bei vielen Jugendlichen eine gewisse Sicherheit. Es ist typischerweise die Zeit, in der manche an Minderwertigkeitskomplexen leiden, während andere überall »die Stars« sind und durch Selbstüberschätzung auffallen. Jetzt wird der feste Freund, die feste Freundin immer wichtiger. Und die eigene Familie gerät von Zeit zu Zeit etwas in den Hintergrund. Das ist aber völlig in Ordnung, denn es geht ja darum, immer mehr auf eigenen Beinen zu stehen und das Leben eigenverantwortlich zu meistern.

## Woran erkenne ich, dass ich in der Pubertät bin?

Die Pubertät kommt nicht von heute auf morgen, sondern kündigt ihr Eintreten auf verschiedenste Weise an. Zunächst sprießen am ganzen Körper Haare: Schamhaare, Achselhaare, Brusthaare und Barthaare. Gleichzeitig setzt der Stimmbruch ein. Der Körper wächst. Er entwickelt »kantige Formen«, Schultern und Brust werden breiter, der ganze Körper wird muskulöser.

Es gibt allerdings ein Problem an der Geschichte: Diese Veränderungen verlaufen nicht gleichmäßig. Vielleicht weißt du manchmal nicht wohin mit deinen schlaksigen Armen. Manche finden jetzt ihre Nase schrecklich groß. Viele Jugendliche kriegen eine Zahnspange. Die Beinschmerzen, die vom Wachstum herrühren, nerven dich. Talgdrüsen produzieren zu viel Hautfett und lassen überall Pickel sprießen – auch nicht unbedingt ein Traum fürs Selbstbewusstsein.

Neben den vielen körperlichen Veränderungen spielen immer öfter deine Gefühle verrückt. Du bist grundlos albern. Du hängst traurig herum und glaubst, dass dich keiner versteht. Du möchtest gegen die ganze Welt rebellieren. Du sehnst dich nach Freiheit und Unabhängigkeit, hast aber auch Angst vor Neuem und Unbekanntem. Manchmal fehlen dir die sorgenfreien und geborgenen Tage deiner Kindheit – im nächsten Moment findest du Kindsein wieder völlig uncool. Viele Dinge, die dir einmal Spaß gemacht haben, kommen dir nur noch blöd vor. Und immer wieder fragst du dich: »Wer bin ich? Was soll ich? Wozu bin ich da?« Alles in dir fährt Achterbahn – rauf, runter, rauf, runter. Und keiner hält das Ding auf. Tja, kein Zweifel: Wenn's dir so geht, dann bist du mittendrin in der Pubertät.

**TIPP**

Bei jedem verläuft die Pubertät in einem anderen Tempo. Manche sind früh dran, andere Spätzünder. Deshalb lohnt es sich nicht, sich mit anderen zu vergleichen!

## Ist es normal, dass ich so unterschiedliche und verwirrende Gefühle habe?

Ja, das ist es. Menschen entwickeln sich weiter, solange sie leben. Irgendwann hast du ja auch reden und laufen und schreiben und rechnen und sonst so allerlei gelernt. Jetzt lernst du eben, ein »ganzer Kerl« zu werden. Später wirst du lernen, deinen Job gut zu machen, dich um deine Familie zu kümmern oder, um es etwas abstrakter auszudrücken, für dich und andere Verantwortung zu übernehmen.

Erwachsenwerden ist ein riesengroßes Abenteuer. Und genau darum geht es in dem spannenden Lebensabschnitt Pubertät. Bisher war man davon ausgegangen, das Gehirnwachstum des Menschen sei bis zum achten Lebensjahr abgeschlossen. Inzwischen hat man herausgefunden, dass im Alter von neun Jahren ein neuer massiver Wachstumsschub einsetzt, und zwar gerade im wichtigsten Steuerungszentrum, dem sogenannten präfrontalen Kortex, im Großhirn. Hier werden die menschlichen Gefühle und Entscheidungsprozesse kontrolliert. Im Gehirn von Jugendlichen findet demnach eine zweite Stufe von Umbaumaßnahmen statt. Und weil das so ist, gibt es in der Pubertät ab und an Phasen, in denen man so seine Probleme mit dem vernünftigen Handeln hat. So viel zur »biologischen« Erklärung.

Trotzdem nutzt einem das wenig, wenn man nicht weiß, wohin mit diesem Durcheinander. Denn auf einmal sind sie da, die Gefühle. Mal nacheinander, mal gleichzeitig. Liebe, Traurigkeit, Ärger, Eifersucht, Minderwertigkeitskomplexe, Scham, Lust, Angst, Sehnsucht, Freude, Wut, Größenwahn. Woher kommt das alles? Wieso jetzt? Wie geht man damit um? Klar: Manche dieser Gefühle sind fantastisch. Du möchtest sie am liebsten festhalten und nie wieder loslassen. Andere aber belasten, bedrücken oder verwirren dich. Du kommst damit überhaupt nicht zurecht und wünschst dir, sie würden ganz schnell verschwinden.

Vielleicht glaubst du nun, Gefühle seien nicht ganz so wichtig wie Vernunft oder Verstand. Vielleicht willst du sie auch einfach nicht zulassen oder lieber verbergen. Oder du fürchtest, man könnte dich wegen deiner Gefühle auslachen oder verachten. Aber alle Menschen haben Gefühle, niemand kann ohne sie leben. Erwachsen werden bedeutet daher auch, den Mut zu haben, seine Gefühle zu äußern und zu ihnen zu stehen. Du denkst vielleicht jetzt: Die Erwachsenen machen das ganz locker. Das ist ein Irrtum. Manche schaffen das bis an ihr Lebensende nicht.

## TIPP

Oft ist es eine große Hilfe, über seine Gedanken und Gefühle zu sprechen. Vermutlich wirst auch du dich am ehesten mit deinem besten Freund oder deiner besten Freundin austauschen. Aber da ihr etwa gleich alt seid, werdet ihr die Dinge möglicherweise auch ähnlich sehen. Es ist zwar gut, wenn einen jemand in seiner eigenen Ansicht bestätigt, aber es hilft nicht immer weiter. Manchmal haben auch Erwachsene ganz brauchbare Ideen, such dir aber jemanden aus, zu dem du wirklich Vertrauen hast und wo du dich verstanden fühlst: Eltern, Jugendleiter, Trainer, alle waren einmal in der gleichen Lage wie du heute.

## Bin ich ein Egoist, wenn ich häufig an mich denke?

Nein, denn genau in dieser Lebensphase kreisen die Gedanken um dich selbst und das dürfen sie auch, denn du hast reichlich damit zu tun, deine Gefühle zu ordnen und dein Leben auf die Reihe zu kriegen. Und das ist ja nicht immer leicht: Die Pubertät ist die Zeit, in der du dich von deinen Eltern und einigen ihrer Regeln und Ideale ablöst und dein eigenes Ding machen willst. Das ist dein gutes Recht. Jeder Mensch muss seine Grenzen setzen und sollte aber auch die der anderen achten und respektieren. Das hat nichts mit Egoismus zu tun. Du brauchst deinen Schutzraum, um all das, was in der Pubertät passiert, zu verarbeiten. Dass du jetzt an dich denkst, an deinen Körper, deine Gefühle, deine Wünsche und Sehnsüchte – das ist mehr als normal und das wird auch jeder verstehen.

Verständlich ist natürlich auch, dass die anderen (Eltern, Schule, Freunde) weiterhin ihre Ansprüche anmelden und von dir das eine oder andere verlangen: Sie können ja nicht in dich hineinschauen und deine Stimmung erahnen. Auch wenn du jetzt glaubst, dass dich wirklich niemand auf der Welt versteht: Das ist ein Irrtum! Wenn du den Mut besitzt, über deine Gedanken und Gefühle zu sprechen, dann wirst du auch auf Verständnis stoßen. Und wenn dir manchmal niemand einfällt, mit dem du quatschen kannst: Facebook, SchülerVZ und andere Internetportale bieten eine tolle Möglichkeit, sich mit Gleichaltrigen auszutauschen. Aber auch Sport und Hobbys helfen, über den ein oder anderen Pubertätsfrust hinwegzukommen. Und trotzdem: Manchmal möchtest du nur noch abhängen. Und auch das ist dann völlig o.k.

## ⭐ Wie bekomme ich mehr Selbstbewusstsein?

In der Pubertät bildet sich viel von deiner späteren Persönlichkeit heraus. Jetzt hast du die Chance, ein echter Typ zu werden. Du wirst eine abwechslungsreiche Zeit erleben, in der du dich auf abenteuerliche Weise selbst entdeckst: deine Stärken und Schwächen, deine guten und deine weniger tollen Seiten. In vielen Momenten wirst du dich für die eine oder die andere Variante entscheiden müssen. Du brauchst Freunde, die zu dir passen, und eine Aufgabe, die dich fordert. Du entwickelst einen Musik- und Kunstgeschmack, lernst Qualität von Mist zu unterscheiden. In dir werden sich politische und religiöse Überzeugungen herausbilden, für die du geradestehst und an denen man dich erkennen kann.

Aber kann man denn seine eigene Entwicklung beeinflussen – oder wird man einfach, wie man wird? Ganz klar: Man kann und man sollte es auch tun. Man kann Haltungen einüben (etwa Selbstdisziplin, Ehrlichkeit, Mut), die einem nach und nach in Fleisch und Blut übergehen. Man kann sich für bestimmte Werte einsetzen (Zusammenleben von behinderten und nichtbehinderten Menschen, Engagement in einem Verein oder einer Gemeinde) und andere Dinge konsequent ablehnen (z.B. Drogen, Rassismus, Pornografie). Du wirst für dich festlegen, was du als richtig und was als falsch empfindest.

Du entdeckst jetzt intensive und vielleicht auch irritierende Gefühle an dir wie Eifersucht oder Wut. Das ist völlig normal und hat nichts mit schlechtem Charakter zu tun. Und noch etwas macht einen erwachsenen Menschen aus: Er setzt nicht immer nur seine eigene Meinung durch, sondern er akzeptiert auch die der anderen. Fairness, die Bereitschaft zum Kompromiss, die Fähigkeit, auch darüber nachzudenken, ob deine Eltern oder Lehrer

wirklich komplett auf dem falschen Dampfer sind – das sind Beweise für »Reife«. Wenn du jetzt an dir arbeitest und selbst entscheidest, statt mit dem Strom zu schwimmen, investierst du in das Beste, was du hast: in dich selbst.

**TIPP**

Trau dich, deine Meinung auch gegenüber mehreren Leuten, die anders denken, offen zu sagen! Das verschafft dir Respekt und macht deine Persönlichkeit aus. Steh zu dir!

## Wie werde ich von meinen Eltern ernst genommen?

»Ich bin doch kein kleines Kind mehr!« Diesen Satz hat jeder schon mal frustriert hinausgebrüllt. Eltern scheinen einfach nicht zu begreifen, dass man erwachsen wird. Auch wenn du in vielen Dingen schon reichlich reif zu sein scheinst: Solange du nicht volljährig bist, sind deine Eltern schon vom Gesetz her für dich verantwortlich. Wenn sie im Extremfall bestimmte Dinge nicht verbieten, machen sie sich sogar strafbar. Das verpflichtet sie, ein Auge auf dich zu haben.

Fast alle Eltern lieben ihre Kinder und wollen das Beste für sie. Es fällt ihnen nicht leicht, zu akzeptieren, dass du groß wirst und deinen Weg gehen wirst. Sie wollen nicht wahrhaben, dass du nicht mehr der kleine Junge bist. Sie wollen dich schützen vor Gefahren, in die du dich aufgrund deiner Neugier und deiner Lust am Leben begibst. Du hingegen glaubst, dass du dein Leben ganz gut selbst in die Hand nehmen kannst.

Daraus entstehen Interessenkonflikte. Nun kommt es darauf an, wie ihr alle – du, deine Eltern, deine ganze Familie – damit umgeht. Wie kannst du es anstellen, ein gleichberechtigtes, erwachsenes Mitglied der Familie zu werden? Was musst du tun, um zu bekommen, was du willst? Und zwar so, dass du deinen Eltern trotzdem (jedenfalls meistens) fair begegnen kannst, ohne dass jedes Mal die Fetzen fliegen?

Eine Patentlösung gibt es nicht. Dafür sind wir Menschen zu verschieden. Es gibt Hitzköpfe und Träumer, Taktiker und solche, die mit dem Kopf durch die Wand rennen. Zu welcher Sorte du dich und deine Eltern zählst, weißt du vermutlich selbst am besten. Doch wenn du Fairness, Toleranz und Offenheit nicht nur selbst beanspruchst, sondern auch gegenüber anderen anwendest, kommst du im Allgemeinen gut klar. Es gibt das simple Sprichwort: Wie man in den Wald hineinruft, so schallt es heraus. Wenn du dich in deine Eltern, in ihre Bedenken, ihre Vorsicht, ihre Liebe (die vielleicht nicht gleich erkennbar ist) hineinversetzt, und wenn du ihren guten Willen anerkennst, kannst du vielleicht lockerer mit der Situation umgehen. Wenn du dir vor Augen hältst, dass auch sie respektvoll behandelt werden wollen und Gefühle haben, auf denen man nicht jeden Tag herumtrampeln darf, wird das Zusammenleben bereits eine Spur leichter.

### Muss ich meinen Eltern alles sagen?

Natürlich brauchst du ihnen nicht alles sagen. Du hast ein Recht darauf, dir eine eigene Welt aufzubauen und Dinge für dich zu behalten. Nur Folgendes sollte nicht passieren: a) dass du sie anlügst, b) dass du offensichtlich schlimme Dinge vor deinen Eltern verbirgst.

Du solltest jetzt vor allem eine Botschaft an deine Eltern senden: Habt Vertrauen und lasst mir meine Welt! Ich bin in der Lage, zu entscheiden, was gut und was schlecht ist. Ein kleiner Trick: Lass deine Eltern an deinem Leben teilhaben und erzähle ihnen auch deine echten Sorgen. Die Nummer »Es ist alles in Ordnung, lasst mich in Ruhe« verunsichert sie wahrscheinlich eher und macht sie misstrauisch.

Kinder fechten mit Eltern und Lehrern während der Pubertät einige Kämpfe aus. Manchmal fühlen sich besonders Jungs gedemütigt und haben das Gefühl, dass andere auf ihnen herumtrampeln. Sie fühlen sich behandelt wie ein kleines Kind, ziehen sich zurück und reden nichts mehr. Viele Eltern reagieren ärgerlich und mit Unverständnis, wenn ihr »netter kleiner Junge« plötzlich provozierend auftritt und mehr Rücksicht auf seine Kumpels als auf die eigene Familie nimmt. Sie machen sich Gedanken um deine Zukunft und befürchten, dass du in Schwierigkeiten kommen könntest. Die Folge: Es hagelt Verbote. Es ist nun mal so, dass viele Erwachsene irgendwann vergessen, dass sie selbst auch einmal in der Pubertät waren.

Manche Eltern haben das Gefühl, als ob ihr Kind plötzlich das Verständnis für andere Menschen verloren habe. Sie fragen sich, ob ihr Sohn sein Leben wohl meistern kann. Was ist mit Drogen, mit Alkohol? Wird es womöglich Ärger mit der Schule geben? Vielleicht machen sich deine Eltern zu viele Sorgen. Kein Wunder, dass sie dir jetzt auch mal auf die Nerven gehen.

Eltern sind auch nur Menschen. Und wer von ihnen verlangt, dass sie immer cool, souverän oder gerecht reagieren, überfordert sie. Die Pubertät ist eine Zeit, in der Kinder zu selbstständigen Persönlichkeiten werden. Die Unterstützung der Eltern ist dabei allerdings sehr wichtig. Eltern haben, auch wenn sie dir jetzt manchmal übervorsichtig und altmodisch erscheinen mögen,

Lebenserfahrung, die dir nützen kann. Im idealen Fall ist das Elternhaus Sicherheitsnetz und Sprungbrett in die Welt zugleich. Aber es steht nirgends geschrieben, dass man dort keine Geheimnisse haben darf ...

## Wie finde ich gute Freunde?

Ob aus Kumpels gute Freunde werden oder nur kurzfristige Bekannte, zeigt sich meist erst über längere Zeit. Gute Freunde erkennst du daran, ob du dich in ihrer Gegenwart wohlfühlst, ob du ihnen vertrauen kannst, ob ihr miteinander Spaß habt und auch über ernstere Dinge sprechen könnt.

Viele Freundschaften bilden sich bei jungen Leuten in der Schule, in Sportvereinen oder Jugendclubs: Menschen, die du regelmäßig wiedersiehst, mit denen du gerne zusammen bist und verschiedene Interessen teilst.

Vielleicht bist du einer, der ganz leicht Kontakte knüpft und einfach so auf Leute zugehen kann. Dir macht es wahrscheinlich wenig Probleme, Gleichgesinnte zu finden. Oder du bist eher zurückhaltend, dann fällt dir genau das nicht so leicht. Hab etwas Geduld und geh es locker an. Wenn du offen bist für Neues, andere Menschen an deinem Leben teilhaben lässt und dich nicht zu Hause eingräbst, findest du auch Freunde, die zu dir passen: Und nicht jeder sucht einen coolen Typen mit einer »Hallo-jetzt-komm-ich«-Mentalität als Kumpel!

Volkshochschulen, Jugend- und Bildungswerke bieten heute Kurse an, in denen man so manches über Kommunikation lernt und erfährt, wie man leichter auf Menschen zugeht und sich unter Gleichaltrigen sicher bewegt!

Ein bisschen Mut gehört zum Freundefinden natürlich auch dazu.

Spring über deinen Schatten! Das Engagement in einer sozialen Einrichtung oder in der Politik, Teilnahme in der Schulband oder in einem Sportverein: Es gibt viele Möglichkeiten, nette Leute kennenzulernen. Und wenn man etwas miteinander plant, kreativ tätig wird oder sportelt, fällt auch der Kontakt leichter und das Eis ist schnell gebrochen.

## Echte Freunde über Facebook finden?

Vielleicht sollte man eher sagen, du kannst Kontakte im Netz pflegen und Menschen kennenlernen, ob sich daraus dann Freundschaften entwickeln, siehst du erst, wenn ihr euch im »Leben draußen« auch versteht, Interessen teilt und gemeinsam Zeit verbringt. Eine Reihe von Online-Netzwerken, wo sich Leute über das Internet »treffen« können, erleichtern dank der anfänglichen Anonymität den Weg, miteinander in Kontakt zu kommen. Portale wie Lokalisten, Facebook oder SchülerVZ sind eine klasse Sache, die Nähe zu Gleichaltrigen zu suchen, ohne gleich in die Vollen gehen zu müssen: Du kannst die Dinge von dir preisgeben, die du möchtest, und den Leuten schreiben, die dir sympathisch sind. Was du für dich behalten willst, bleibt auch bei dir.

Eines solltest du allerdings bei Internetportalen bedenken: Was dort geschrieben oder gezeigt wird, *muss* nicht der Wahrheit entsprechen. So mancher sportliche, coole Typ kann sich beim ersten persönlichen Kontakt auch als unengagierte Couch-Potato entpuppen. Nicht einmal das Alter und das Geschlecht müssen stimmen. Ein bisschen Vorsicht ist also schon geboten! Manchmal ist die Enttäuschung groß, wenn der Chatpartner beim persönlichen Treffen so gar nicht dem Bild entspricht, das man sich von ihm/ihr gemacht hat.

> *Vermeide es, allzu **persönliche Dinge** im Netz zu schreiben. Vielleicht ist dir der Inhalt ein paar Tage später unangenehm! Wenn dir ein Chatpartner **unseriöse Dinge** schreibt, melde es dem Moderator des Netzwerkes und beende das Gespräch kommentarlos!*
>
> *Wie im »echten Leben« ist es auch im Netz wichtig, **Nein zu sagen**, wenn du etwas nicht willst oder dir etwas unangenehm ist!*
>
> *Wenn du einen **Chatpartner/eine Chatpartnerin treffen** willst, nimm einen guten Freund mit und gib deinen Eltern Bescheid, wo ihr euch verabredet habt!*

## Wie oft darf ich in den Club gehen, wann darf ich wie lange ausgehen?

Das wird dich möglicherweise enttäuschen: Deine Eltern haben ein Recht darauf, dich zu fragen, wohin du gehst und wann du heimkommst. Sie dürfen sich nach den Kneipen und Clubs erkundigen, die du besuchst. Denn solange du minderjährig bist, besitzen deine Eltern laut Bürgerlichem Gesetzbuch (BGB § 1631) das Aufenthaltsbestimmungsrecht. Sie können dir also zum Beispiel verbieten, dich in Spielhallen oder Clubs aufzuhalten. Außerdem dürfen sie dir vorschreiben, wann du abends nach Hause kommen musst. Jedenfalls, bis du volljährig bist. Erst mit 18 Jahren kannst du über deinen Lebenswandel selbst bestimmen und eigenverantwortlich entscheiden, wie lange du mit wem wo unterwegs bist.

Das Jugendschutzgesetz, das im Folgenden auszugsweise zitiert wird, macht klare Aussagen, was du in welchem Alter darfst:

## § 1 Begriffsbestimmungen

(1) Im Sinne dieses Gesetzes
1. sind Kinder Personen, die noch nicht 14 Jahre alt sind,
2. sind Jugendliche Personen, die 14, aber noch nicht 18 Jahre alt sind,
3. ist personensorgeberechtigte Person, wem allein oder gemeinsam mit einer anderen Person nach den Vorschriften des Bürgerlichen Gesetzbuchs die Personensorge zusteht,
4. ist erziehungsbeauftragte Person, jede Person über 18 Jahren, soweit sie auf Dauer oder zeitweise aufgrund einer Vereinbarung mit der personensorgeberechtigten Person Erziehungsaufgaben wahrnimmt oder soweit sie ein Kind oder eine jugendliche Person im Rahmen der Ausbildung oder der Jugendhilfe betreut.

## Abschnitt 2
## Jugendschutz in der Öffentlichkeit

## § 4 Gaststätten

(1) Der Aufenthalt in Gaststätten darf Kindern und Jugendlichen unter 16 Jahren nur gestattet werden, wenn eine personensorgeberechtigte oder erziehungsbeauftragte Person sie begleitet oder wenn sie in der Zeit zwischen 5 Uhr und 23 Uhr eine Mahlzeit oder ein Getränk einnehmen. Jugendlichen ab 16 Jahren darf der Aufenthalt in Gaststätten ohne Begleitung einer personensorgeberechtigten oder erziehungsbeauftragten Person in der Zeit von 24 Uhr und 5 Uhr morgens nicht gestattet werden.
(2) Absatz 1 gilt nicht, wenn Kinder oder Jugendliche an einer Veranstaltung eines anerkannten Trägers der Jugendhilfe teilnehmen oder sich auf Reisen befinden.
(3) Der Aufenthalt in Gaststätten, die als Nachtbar oder Nachtclub geführt werden, und in vergleichbaren Vergnügungsbetrieben darf Kindern und Jugendlichen nicht gestattet werden.

## § 5 Tanzveranstaltungen

(1) Die Anwesenheit bei öffentlichen Tanzveranstaltungen ohne Begleitung einer personensorgeberechtigten oder erziehungsbeauftragten Person darf Kindern und Jugendlichen unter 16 Jahren nicht und Jugendlichen ab 16 Jahren längstens bis 24 Uhr gestattet werden.
(2) Abweichend von Absatz 1 darf die Anwesenheit Kindern bis 22 Uhr und Jugendlichen unter 16 Jahren bis 24 Uhr gestattet werden, wenn die Tanzveranstaltung von einem anerkannten Träger der Jugendhilfe durchgeführt wird oder der künstlerischen Betätigung oder der Brauchtumspflege dient.

## § 6 Spielhallen, Glücksspiele

(1) Die Anwesenheit in öffentlichen Spielhallen oder ähnlichen vorwiegend dem Spielbetrieb dienenden Räumen darf Kindern und Jugendlichen nicht gestattet werden.
(2) Die Teilnahme an Spielen mit Gewinnmöglichkeit in der Öffentlichkeit darf Kindern und Jugendlichen nur auf Volksfesten, Schützenfesten, Jahrmärkten, Spezialmärkten oder ähnlichen Veranstaltungen und nur unter der Voraussetzung gestattet werden, dass der Gewinn in Waren von geringem Wert besteht.

## § 7 Jugendgefährdende Veranstaltungen und Betriebe

Geht von einer öffentlichen Veranstaltung oder einem Gewerbebetrieb eine Gefährdung für das körperliche, geistige oder seelische Wohl von Kindern oder Jugendlichen aus, so kann die zuständige Behörde anordnen, dass der Veranstalter oder Gewerbetreibende Kindern und Jugendlichen die Anwesenheit nicht gestatten darf. Die Anordnung kann Altersbegrenzungen, Zeitbegrenzungen oder andere Auflagen enthalten, wenn dadurch die Gefährdung ausgeschlossen oder wesentlich gemindert wird.

## § 8 Jugendgefährdende Orte

Hält sich ein Kind oder eine jugendliche Person an einem Ort auf, an dem ihm oder ihr eine unmittelbare Gefahr für das körperliche, geistige oder seelische Wohl droht, so hat die zuständige Behörde oder Stelle die zur Abwendung der Gefahr erforderlichen Maßnahmen zu treffen. Wenn nötig, hat sie das Kind oder die jugendliche Person
1. zum Verlassen des Ortes anzuhalten,
2. der erziehungsberechtigten Person im Sinne des § 7 Abs. 1 Nr. 6 des Achten Buches Sozialgesetzbuch zuzuführen oder, wenn keine erziehungsberechtigte Person erreichbar ist, in die Obhut des Jugendamtes zu bringen.
In schwierigen Fällen hat die zuständige Behörde oder Stelle das Jugendamt über den jugendgefährdenden Ort zu unterrichten.

## § 9 Alkoholische Getränke

(1) In Gaststätten, Verkaufsstellen oder sonst in der Öffentlichkeit dürfen
1. Branntwein, branntweinhaltige Getränke oder Lebensmittel, die Branntwein in nicht nur geringfügiger Menge enthalten, an Kinder und Jugendliche,
2. andere alkoholische Getränke an Kinder und Jugendliche unter 16 Jahren
weder abgegeben noch darf ihnen der Verzehr gestattet werden.
(2) Absatz 1 Nr. 2 gilt nicht, wenn Jugendliche von einer personensorgeberechtigten Person begleitet werden.
(3) In der Öffentlichkeit dürfen alkoholische Getränke nicht in Automaten angeboten werden. Dies gilt nicht, wenn ein Automat
1. an einem für Kinder und Jugendliche unzugänglichen Ort aufgestellt ist oder
2. in einem gewerblich genutzten Raum aufgestellt und durch technische Vorrichtungen oder durch ständige Aufsicht sichergestellt ist, dass Kinder und Jugendliche alkoholische Getränke nicht entnehmen können.

(4) Alkoholhaltige Süßgetränke im Sinne des § 1 Abs. 2 und 3 des Alkopopsteuergesetzes dürfen gewerbsmäßig nur mit dem Hinweis »Abgabe an Personen unter 18 Jahren verboten, § 9 Jugendschutzgesetz« in den Verkehr gebracht werden.

## § 10 Rauchen in der Öffentlichkeit, Tabakwaren

(1) In Gaststätten, Verkaufsstellen oder sonst in der Öffentlichkeit dürfen Tabakwaren an Kinder oder Jugendliche weder abgegeben noch darf ihnen das Rauchen gestattet werden.

(2) In der Öffentlichkeit dürfen Tabakwaren nicht in Automaten angeboten werden. Dies gilt nicht, wenn ein Automat

1. an einem Kindern und Jugendlichen unzugänglichen Ort aufgestellt ist oder

2. durch technische Vorrichtungen oder durch ständige Aufsicht sichergestellt ist, dass Kinder und Jugendliche Tabakwaren nicht entnehmen können.

★ Was tun, wenn ich keine Lust mehr auf die Schule habe?

Es gibt klare gesetzliche Regelungen. Zwar unterstehen die Schulen den Kultusministerien der Bundesländer, doch im Hinblick auf die Schulpflicht unterscheiden sich die entsprechenden Gesetze im Kern nicht voneinander. Das bedeutet: Die allgemeine Schulpflicht dauert neun Jahre. Daran anschließend besteht eine dreijährige Berufsschulpflicht, egal ob du ein Berufsausbildungsverhältnis hast oder nicht. Sobald du 18 bist, kannst du selbst entscheiden, ob du Ausbildung und Schule abschließen willst oder nicht. Bis zu diesem Zeitpunkt haben deine Erziehungsberechtigten ein gewichtiges Wörtchen mitzureden. Es gilt das – freilich ungeschriebene – Gesetz: Eltern müssen Verständnis finden für deine Bedürfnisse, deine mit dem Alter zunehmenden Ansprüche und deinen wachsenden Willen. Deine Vorstellungen in zukunftsentscheidenden Fragen wie Schulbildung und Berufswunsch sollen berücksichtigt werden – vorausgesetzt, es handelt sich nicht um etwas, was für deine Eltern absolut unzumutbar ist.

**TIPP**

Vielleicht hilft es dir, die richtige Entscheidung zu treffen, wenn du mit Leuten sprichst, die sehr früh ins Arbeitsleben gestartet sind oder auf Umwegen verschiedene Schulabschlüsse nachholen mussten. Manchmal ist es leichter, den direkten Weg zu gehen.

## Ab wann kann ich von zu Hause ausziehen?

Mit deiner Volljährigkeit, also mit 18 Jahren. Ab jetzt kannst du Aufenthaltsort, Beruf und Arbeitsplatz frei wählen. Bis zu deiner Volljährigkeit ist gegen den Willen deiner Eltern nichts zu machen, falls du von zu Hause ausziehen willst. Sie können dich sogar notfalls von der Polizei zurückholen lassen. So steht es im Aufenthaltsbestimmungsrecht. Weigerst du dich allerdings standhaft, bei ihnen zu wohnen, wird ein Jugendrichter darüber entscheiden.

Ob dir das Wohnen bei deinen Eltern zugemutet werden kann, hängt von den Umständen ab. Nur in schwerwiegenden Fällen wie zum Beispiel bei Misshandlung oder drohender Verwahrlosung kann deinen Eltern das Aufenthaltsbestimmungsrecht abgesprochen werden – etwa dann, wenn du gesundheitlich, geistig oder seelisch gefährdet bist. Auch das kommt leider vor. Vielleicht ist bei dir eine Situation gegeben, in der die Menschen, die dir Schutz, Halt und Sicherheit geben sollten, all dies vorenthalten.

Von zu Hause auszuziehen heißt, total auf eigenen Beinen zu stehen. Sich um alles selbst kümmern zu müssen. Den Alltag selbst zu organisieren: Kleidung waschen, Wohnung sauber halten, schauen, dass der Kühlschrank voll ist, Miete, Licht und Strom zahlen. Das alles kostet Zeit und Geld. Vieles von dem bekommst du im Elternhaus geboten, sodass du dich voll auf Schule oder Lehre konzentrieren kannst. Da will es wirklich gut überlegt sein, ob und wann du wirklich »flügge« werden willst.

Und mal ehrlich: Es ist doch ein beruhigendes Gefühl, wenn man weiß, dass da jemand ist, der noch die Hand über einen hält. Man braucht Eltern länger, als man es ihnen und sich selbst gegenüber zugeben möchte. Dieses »Brauchen« ist übrigens mit der Pubertät meist längst noch nicht vorbei. Der sogenannte »Abnabelungsprozess« dauert bei manchen Menschen ein Leben lang. Einige schaffen es nie. Doch kann das Wissen, immer einen Platz zu haben, an den man zurückkehren kann – eben das Elternhaus – für einen Menschen ungeheuer wichtig sein. Geborgen zu sein, eine Heimat zu haben – auch das macht uns Menschen aus. Diese Sehnsucht dauert meist ein Leben lang.

**TIPP**

Wenn es dir zu Hause nicht gut geht, aus welchen Gründen auch immer, hilft es, mit einer Vertrauensperson über deine Lage zu sprechen. Lehrer, Pfarrer oder andere Erwachsene, die dir nahestehen, können dir sicher einen Rat geben und dich unterstützen. Auch Kinderschutzzentren, Beratungen im Internet und Seelsorgetelefone sind ein guter Weg, dir Hilfe zu holen. Telefonnummern findest du am Ende des Buches!

### Meine Eltern gehen auseinander – und jetzt?

»Wir werden uns trennen!« Dieser Satz schmerzt und kein Jugendlicher möchte ihn je von seinen Eltern hören. Und doch trifft es jedes Jahr rund 150 000 minderjährige Kinder, deren Eltern sich scheiden lassen. Du bist also in dieser Situation kein Einzelfall. Vielleicht hast du schon einige Monate gespürt, dass deine Eltern nicht mehr so miteinander klarkommen und sich häufig

streiten. Diese Geschichte ist – auch wenn sie dich tief erschüttert und du mit hineingezogen wirst – eine Sache zwischen deinen Eltern, ein Ding zwischen zwei Erwachsenen, die mit ihrem gemeinsam geplanten Leben nicht mehr umgehen können. Du hast an der ganzen Situation keinerlei Schuld. Erwachsene verlieben sich ineinander und können sich auch wieder trennen, genau wie Teenager ihre Beziehungen auch beenden. Nur haben Erwachsene eine ganz andere Verantwortung. Denn es gibt dich und vielleicht deine Geschwister, die mittendrin stecken in der ganzen Misere.

Häufig geht einer Trennung eine belastende Zeit voraus, in der dein Zuhause nicht mehr sehr fröhlich und geborgen war: Es herrschte »dicke Luft«. Vermutlich hast du auch eine ziemliche Wut, die sich teilweise direkt gegen die Eltern richtet, vor allem gegen den Elternteil, den du für »schuldig« hältst. In dir kommt vielleicht auch Trauer auf und Angst, was jetzt kommen wird. Doch genau diese Gefühle können dir helfen, wieder Kraft für ein anderes, neues und hoffentlich besseres Leben zu finden.

Zum Glück gehen manche Paare auch friedlich auseinander und finden für die neue Lebenssituation und die gesamte Familie eine positive Lösung, in der alle Beteiligten zufrieden sein können. Ein ruhiges Zuhause, guter Kontakt zu beiden Elternteilen, eventuell eine neue, glückliche Patchworkfamilie, das kann auch eine Verbesserung deiner Lebenssituation sein, du solltest nur dir und deinen Eltern eine Chance geben. Ein offenes Gespräch in der Familie hilft dir sicher, so manche Sorgen aus dem Weg zu räumen. Bitte deine Eltern, dich über die zukünftigen Pläne aufzuklären und dich an den Entscheidungen teilhaben zu lassen, insofern das möglich ist.

### Die Eltern sind geschieden – was tun?

Jede negative Veränderung der Lebensverhältnisse hat für uns Menschen etwas Bedrohliches. Deswegen denkst du vermutlich auch viel nach und fragst dich: Wie oft sehe ich den Elternteil, der nicht mehr bei uns zu Hause wohnt? Wo werden wir wohnen? Werden wir künftig genug Geld haben für Essen und Miete? Muss ich in eine andere Schule gehen? Was geschieht mit meinen Freunden? Was kann ich in der Schule sagen?

Ist die Scheidung über die Bühne, kommt häufig als erste Reaktion: »Mir geht's gut. Es ist alles in Ordnung. Vielleicht ist es das Beste für uns alle. Was Besseres hätte uns doch kaum passieren können.« Das klingt gut, aber im Inneren fühlst du dich wahrscheinlich ganz anders. So etwas nennt man Verdrängung. Wer etwas verdrängt, tut so, als wäre alles bestens, und schluckt seine Sorgen erst mal hinunter. Verdrängung ist

eine normale Reaktion, solange sie nicht zum Dauerzustand wird. Denn irgendwann hilft es zu akzeptieren: »Meine Eltern sind geschieden. Das ist eine Tatsache. Und sie tut weh.«

Eine typische Reaktion auf diese Erkenntnis ist eine Mordswut im Bauch: »Warum tun meine Eltern mir das an? Damit machen sie mein ganzes Leben kaputt! Was habe ich getan, dass die Sache so den Bach hinuntergegangen ist?« Jeder geht anders mit Wut um. Der eine schmeißt Sachen an die Wand, brüllt Leute an, knallt mit Türen. Der Nächste bleibt zwar äußerlich cool, frisst aber alles in sich hinein. Wieder andere leiten ihren Ärger in Energie um, üben bis zum Umfallen Gitarre, spielen stundenlang Fußball oder gehen Skateboardfahren, bis sie nicht mehr können. Wieder andere gehen auf denjenigen zu, über den sie sich ärgern, und sagen ihm ins Gesicht: »Ich bin stinksauer auf dich, weil …« Das ist zwar noch keine Garantie dafür, ein Problem aus der Welt zu schaffen, aber man fühlt sich hinterher vielleicht besser. Ärger und Wut sind normal. Sie als Antrieb für Veränderungen zu nutzen, befreit und trägt dazu bei, Probleme zu lösen.

Wer aber diese Gefühle nicht kontrollieren kann, verschlimmert die Situation. Wird man mit Verdrängung oder Ärger nicht fertig, kann es zu einer Depression kommen. Du fühlst dich dann traurig und leer, müde, ängstlich und antriebslos. Alles wird dir zu viel und du gräbst dich am liebsten Tag und Nacht zu Hause ein. Wenn deine Traurigkeit nicht vorübergeht und du keinen Ausweg siehst, kannst du dir Hilfe bei einem Seelsorger oder Therapeuten suchen. Adressen findest du hinten im Buch.

Dir wird es sicher besser gehen, wenn du die Situation irgendwann akzeptieren kannst. Nichts kann die Vergangenheit ändern. Was passiert ist, tut weh und das darf es auch. Es hilft, nach vorne zu schauen und sich auf sich selbst und seine Träume zu konzentrieren.

## Zu wem komme ich nach der Scheidung?

Hier geht es um die ganz konkrete Frage, wer das Sorgerecht erhält. Nach heutiger Gesetzeslage wird die Sorge prinzipiell von beiden Elternteilen gemeinsam ausgeübt. Dies wird nach der Scheidung auch so beibehalten, wenn nichts anderes gewünscht wird. Bei nicht verheirateten Eltern, die auseinandergehen, behalten auch beide Eltern das Sorgerecht, wenn es während der Beziehung so beantragt wurde. Beide Eltern werden dann gemeinsam und auch mit dir entscheiden, bei wem du leben wirst.

Wenn die elterliche Sorge bei einer Scheidung nur einem Elternteil übertragen wird, dann ist der andere Elternteil zwar von Fragen der Erziehung ausgeschlossen, hat aber in aller Regel ein sogenanntes Umgangsrecht, auch als Besuchsrecht bekannt. Er hat damit das Recht, die Kinder regelmäßig zu sehen. Auf dieses Recht kann man weder verzichten, noch kann man es verlieren. Das Umgangsrecht räumt dem Betroffenen keine Mitsprachemöglichkeit bei Erziehung und Versorgung der Kinder ein. Er kann zwar Ratschläge geben, darf aber nicht in die erzieherische Arbeit des Sorgeberechtigten eingreifen, bei dem du lebst.

Bei einem Streit um das Sorgerecht überprüft das Gericht Kriterien wie: Was ist der Wunsch des Kindes? Wer kann das Kind besser betreuen? Wer ist besser zur Erziehung geeignet? Kann die gewohnte Umgebung beibehalten werden?

Die bei der Scheidung getroffene Regelung darf auch wieder verändert werden. Das Familiengericht kann seine Anordnung jederzeit neu überdenken, wenn dies in deinem Interesse erforderlich ist. Zum Beispiel, wenn ein Elternteil wieder heiratet oder den Beruf wechselt. Beides könnte deine Betreuung gegenüber der vorigen Situation verbessern, das Sorgerecht kann damit neu verhandelt werden.

Bist du älter als 14, wirst du vom Gericht vor der Entscheidung über das Sorgerecht und den künftigen Aufenthalt angehört. Du kannst einen eigenen Vorschlag machen, dem der Familienrichter aber nicht unbedingt folgen muss. Bist du jünger als 14, sollst du dann vor Gericht angehört werden, wenn deine »Bindungen, Neigungen oder dein Wille für die Entscheidung von Bedeutung sein können«, wie es in der Amtssprache heißt.

# KAPITEL 2

Kein Buch mit sieben Siegeln:
Du und dein Körper

## Der kleine Unterschied –
## wie entstehen Jungen und Mädchen?

Dafür sind die Chromosomen zuständig. Wenn es einer Samenzelle des Vaters gelungen ist, die Eihülle einer Eizelle der Mutter zu durchdringen, dann verschmelzen die Erbanlagen der Eltern: 23 Chromosomen von der Mutter und 23 Chromosomen vom Vater. Durch ihre Verbindung entsteht eine neue Zelle mit 46 Chromosomen, wovon jedes Tausende von Genen enthält. Die Chromosomen 1 bis 22 sind genau gleich, sie bestimmen zum Beispiel Augenfarbe, Gesichtszüge, Größe oder Temperament des neuen Menschen. Alle Eizellen tragen X-Chromosomen, die Samenzellen tragen X- oder Y-Chromosomen. In dem Moment der Befruchtung entscheidet sich bereits, ob das Kind ein Junge oder ein Mädchen wird, je nachdem, welche Samenzelle das Rennen macht, denn das 23. Chromosomenpaar bestimmt das Geschlecht. Wird es ein Mädchen, besteht dieses Paar aus zwei X-Chromosomen, bei einem Jungen aus einem X-Chromosom und einem Y-Chromosom.

## ★ Wie verschieden sind eigentlich Jungen und Mädchen?

Die Geschlechtsmerkmale machen den Unterschied zwischen Mädchen und Jungen aus. Diese Erkennungszeichen kannst du in drei Gruppen unterteilen: die angeborenen primären und sekundären Geschlechtsmerkmale und die erworbenen Geschlechtsmerkmale. Die primären Geschlechtsmerkmale sind von Anfang an seit deiner Geburt vorhanden, wie zum Beispiel Penis und Hodensack beim Jungen, Scheide und Schamlippen beim Mädchen. Andere dagegen (die sekundären Geschlechtsmerkmale) lassen sich noch etwas Zeit und entwickeln sich erst in der Pubertät. Das sind beispielsweise beim Mann der Bartwuchs und die tiefe Stimme, bei der Frau die Brüste und bei beiden die Schambehaarung. Zu den erworbenen Geschlechtsmerkmalen gehören Kleidung (zum Beispiel Anzüge für Männer, Röcke und Kleider für Mädchen und so weiter), aber auch Haarschnitte und Verhaltensweisen. Was als typisch männlich oder weiblich gilt, hängt stark vom jeweiligen Kulturkreis ab, also davon, wo die Menschen geboren und aufgewachsen sind.

## ★ Wie sehen die Geschlechtsorgane von Jungen und Mädchen aus?

Beim Mädchen liegen die Geschlechtsorgane im Unterleib, geschützt vom Beckenknochen. Die Scheide ist ihre Verbindung nach außen. Die Scheide kannst du mit einem dehnbaren Schlauch vergleichen. Sie ist vorne am Eingang eng, wird aber innen deutlich weiter. Ihre Öffnung befindet sich zwischen der Harnröhre und dem Darmausgang. Das sogenannte Jungfernhäutchen, eine weiche, nachgiebige Hautfalte, umgibt innen die Scheidenöff-

nung. Außen bedecken die großen und kleinen Schamlippen die Scheidenöffnung. Zwischen den kleinen Schamlippen, vor der Harnröhre, hat die Klitoris ihren Platz. Ihr ausschließlicher Daseinszweck ist, dass die Frau sexuell erregt werden kann. Sie fühlt sich an wie eine kleine Perle. Weil sie genauso viele Nerven besitzt wie zum Beispiel die Lippen oder die Fingerspitzen, ist sie sehr empfindlich für Berührungen. Zusammen bilden sie die Vulva, die äußeren Geschlechtsorgane eines Mädchens.

Am oberen Ende der Scheide, oberhalb des Muttermundes, befindet sich die Gebärmutter. Sie hat die Größe und Form einer Birne. Ihre Wand besteht aus einer kräftigen Muskelschicht, im Inneren ist die Gebärmutterhöhle mit Schleimhaut ausgekleidet. Am oberen Teil der Gebärmutter münden zwei 10 bis 15 cm lange, dünne Schläuche, die Eileiter, ein, die zu den beiden Eierstöcken führen.

---

**Was heißt eigentlich …**

**… Vulva?** Der Begriff Vulva für die äußeren Geschlechtsorgane der Frau (Schamlippen und Klitoris) hat sich aus dem lateinischen Wort *vulva* »Hülle, Gebärmutter« entwickelt.

---

Außen am Körper gut erkennbar sind die Geschlechtsorgane des Jungen: der Hodensack mit den Hoden und den Nebenhoden, die sich sichelförmig hinter den Hoden befinden. Die Hoden sind verschieden groß und hängen manchmal schief. Sie sind sehr empfindsam und verletzlich. Von den Hoden führen die Samenleiter zur Vorsteherdrüse, auch Prostata genannt. In diese Samenleiter münden die Ausführungsgänge der Bläschendrüsen. Die

Harnblase liegt über der Vorsteherdrüse. Dort in der Vorsteherdrüse vereinen sich die Samenleiter mit der Harnröhre. Die Harnröhre führt von der Harnblase durch das Glied (auch Penis genannt) nach außen. Das Glied besteht aus drei Schwellkörpern, die den Penis bei sexueller Erregung aufrichten. Der vordere Teil des Gliedes ist die Eichel, die zum Teil von der Vorhaut bedeckt wird.

## ★ Muss ich mich schämen?

Nein, du brauchst dich nicht für deinen Körper zu schämen. Nicht dafür, dass du einen Penis hast, und auch nicht dafür, dass sich dieser Penis aufrichtet, wenn du eine schöne Frau siehst oder an sie denkst. Du musst dich nicht schämen, wenn du nackt bist, etwa in Gemeinschaftsduschen oder in der Sauna. Sich zu schämen heißt: etwas verbergen, das andere nicht sehen sollen. Wenn ich geklaut habe, ist Scham angebracht, ich schäme mich zu Recht. Ich schäme mich auch dann mit gutem Grund, wenn ich mich nicht dem (begehrlichen oder urteilenden) Blick eines anderen Menschen aussetzen will. Die Scham ist also die unsichtbare Grenze, die meinen ganz persönlichen Bereich umgibt, der niemanden außer mich etwas angeht. Diese sogenannte Intimsphäre ist für jeden Menschen wichtig und sollte von anderen unbedingt respektiert werden.

Richtige Scham ist gesund; es gibt sie in allen Kulturen der Erde und sie hat kaum mit mehr oder weniger freizügiger Kleidung zu tun. In manchen Kulturen sind die Menschen vollständig verhüllt, in anderen fast unbedeckt. Man kann bis an den Hals bekleidet höchst schamlos sein. Und man kann völlig nackt sein und trotzdem mit viel Feingefühl für die Intimsphäre des anderen mitein-

ander umgehen. Fast alle Menschen haben ein natürliches Schamgefühl. Bloß die »Schamlosen« nicht – und denen geht man besser aus dem Weg. Denn sie kennen die Grenze nicht, nutzen ihre Mitmenschen aus, setzen sich rücksichtslos durch.

Ganz in Ordnung ist das verstärkte Schamgefühl, das Jungen und Mädchen in der Pubertät entwickeln. Schließlich müssen sie ihren erwachsen werdenden Körper erst selbst einmal akzeptieren, bevor sie damit vor anderen aufmarschieren. Jeder hat das Recht, seinen Körper nicht zu zeigen. Niemand kann von dir verlangen, dass du die Tür zum Badezimmer offen lässt. Und deine Eltern sollten dir auch keine Vorschriften machen, wenn du am Strand mit Badebekleidung statt völlig nackt herumlaufen möchtest.

**TIPP**

Falsche, übertriebene Scham nennt man Prüderie. Ein prüder Mensch würde am liebsten verstecken, dass er ein Mann oder eine Frau ist. Aber wir sollten unseren Körper gern haben, sollten zufrieden sein, dass wir in einem männlichen oder weiblichen Körper stecken; das darf man auch etwas unterstreichen und zeigen.

## Wie funktioniert das eigentlich mit den Hormonen?

Jedes Mädchen und jeder Junge hat sein ganz persönliches Entwicklungstempo. Dein Körper folgt seiner eigenen »inneren Uhr«. Bestimmte Bereiche im Gehirn bewirken, dass in den Eierstöcken und in den Hoden Hormone produziert werden. Allmählich steigt der Hormonspiegel in deinem Blut an und löst damit die Pubertät aus. Niemand kann konkret vorhersagen, wann die Hormone »erwachen«. Wahrscheinlich beeinflussen Vererbung und Lebensbedingungen diesen Vorgang. Du brauchst dir also keine Gedanken zu machen, wenn deine Freunde schon weiter sind als du. Hormone sind Botenstoffe im Blut und dienen als Informationsübermittler, die jeder Mensch in seinem Körper hat. Die Nachrichten, die sie übermitteln, stecken in ihrer chemischen Struktur. Nerven sind blitzschnell im Übermitteln – Hormone brauchen dafür viele Minuten oder Stunden. In der Pubertät verursacht zum Beispiel das Wachstumshormon die Wachstumsschübe, die Geschlechtshormone lösen die Geschlechtsreife aus. Beim Jungen heißen sie Androgene; unter ihnen ist Testosteron das wichtigste männliche Geschlechtshormon. Die Androgene geben das Startsignal für die Entwicklung von Hoden, Prostata, Penis und Samenbildung. Sie sorgen für Behaarung, tiefe Stimme, für typisch männliche Fettverteilung und männliches Auftreten.

Ein Junge hat fünf bis sieben Testosteronschübe am Tag. Zuerst werden die Hoden größer (zwischen 10 und 13 ½ Jahren), dann wachsen Schamhaare und Penis (um 14 Jahre), schließlich folgen der Stimmbruch und die Bildung reifer Samenzellen.

Die weiblichen Geschlechtshormone, die vor allem in den Eierstöcken gebildet werden, heißen Östrogene und Progesteron. Sie verursachen den Eisprung und bereiten die Gebärmutter auf eine mögliche Schwangerschaft vor. Außerdem sind sie dafür zuständig, dass Mädchen während der Pubertät ihre Periode, Busen, weibliche Behaarung und eine frauliche Figur bekommen. Bei den Mädchen beginnt zunächst die Gebärmutter zu wachsen, danach entwickeln sich die Brust und die Schambehaarung (im Alter zwischen 8 und 14 Jahren). Die erste Regelblutung bekommen die meisten Mädchen mit 10 bis 16 Jahren.

## Warum verrutscht meine Stimme plötzlich so komisch?

Die meisten Jungen kommen so ungefähr mit 15, oft aber auch schon früher, in den Stimmbruch. Das Hormon Testosteron bewirkt, dass der Kehlkopf wächst und die Stimmbänder an Länge und Dicke zunehmen. Das geht meistens ziemlich schnell vor sich. Du kannst deine Stimme dann eine Weile lang nicht mehr so gezielt beherrschen, wie du das bisher gewöhnt warst. Sie überschlägt sich leicht und kann mitten im Wort die Tonhöhe ändern und »verrutschen«. Nach dem Stimmbruch sind deine Stimmbänder circa 18 mm lang und du hast eine männlich-tiefe Stimme, die wieder schön und harmonisch klingt. Frauen haben eine höhere Stimme, da ihre Stimmbänder nur bis zu 12 mm lang sind.

### TIPP

Bei jedem Jungen geht der Stimmbruch anders vor sich. Der eine leidet monatelang, der andere ist nur für kurze Zeit etwas heiser. Manche husten oder räuspern sich, bevor sie etwas sagen. Doch auch das schützt nicht wirklich davor, dass doch wieder Kieksen und Quietschen herauskommen. Du solltest dir davon nicht buchstäblich die Sprache verschlagen lassen!

## Wie sieht die Vagina aus?

Die Vagina ist ein 8 bis 11 cm langer, dehnbarer Muskelschlauch im Unterleib des Mädchens, der vom Gebärmutterhals nach außen führt. Am Eingang ist sie eng, nach innen weitet sie sich. Ihre Öffnung liegt zwischen der Harnröhre und dem Darmausgang. Die Scheide ist für die weiblichen Geschlechtsorgane die Verbindung nach außen, deshalb fließt aus ihr auch das Regelblut und bei der Geburt nimmt das Baby seinen Weg durch den elastischen Scheidenkanal. Bei Mädchen ist das äußere Ende der Scheide meistens durch das Jungfernhäutchen, das Hymen, verschlossen. Auch mit Jungfernhäutchen bleibt immer eine Öffnung, durch die Scheidenabsonderungen und Menstruationsflüssigkeit abfließen können. Beim ersten Geschlechtsverkehr dann dehnt sich das Häutchen und kann einreißen. Das tut bei manchen weh und bei anderen gar nicht, in ein paar Tagen ist alles verheilt. Bei jedem Mädchen sieht das Hymen anders aus. Zur Zeit der ersten Regel ist das Hymen meistens schon so weich und nachgiebig, dass auch Mädchen, die noch keinen Geschlechtsverkehr hatten, problemlos Tampons verwenden können.

**Was heißt eigentlich ...**

**... Vagina?** Das ist ein anderes Wort für Scheide. Das lateinische Wort *vagina* bezeichnet die Scheide eines Schwertes und wurde auf die Scheide der Frau übertragen.

Die Scheidenwände sind mit einer feuchten, gefälteten Schleimhaut ausgekleidet, die bei sexueller Erregung noch feuchter wird. Beim Geschlechtsverkehr nimmt die sehr dehnbare Scheide den erigierten Penis auf und passt sich seiner Form und Größe an.

## Was geschieht in einer Frau während ihrer Menstruation?

Jedes Mädchen hat von Geburt an ungefähr 400 000 unreife Eizellen in seinen Eierstöcken. Doch erst wenn es in die Pubertät kommt, beginnt ihre Menstruation.

In den Eierstöcken wächst etwa alle vier Wochen ein Eibläschen (Follikel) heran, das eine Eizelle umschließt. Wenn die Eizelle ausgereift ist – etwa in der Mitte des Vier-Wochen-Zyklus –, platzt das Eibläschen und die Eizelle wird vom Eierstock an den Eileiter weitergegeben: Diesen Vorgang nennt man Eisprung oder Ovulation. Nach dem Eisprung bleibt eine Eizelle etwa 24 Stunden befruchtungsfähig und wandert dann durch den Eileiter zur Gebärmutter.

Die Gebärmutter war unterdessen nicht untätig und hat sich zum Beispiel mithilfe der Östrogene und – nach dem Eisprung – des Progesterons aus den Eierstöcken auf die Aufnahme einer befruchteten Eizelle vorbereitet. Die Gebärmutterschleimhaut würde dann das »Nest« für sie abgeben. Dazu ist sie dicker geworden, hat sich mit Blutgefäßen und Nährstoffen angereichert. Wurde das Ei nicht befruchtet, löst sich die Eizelle auf und verschwindet unbemerkt. Der Eierstock beendet nun seine Progesteronproduktion.

---

**Was heißt eigentlich …**

**… Menstruation?** Das Wort Menstruation kommt vom lateinischen Wort *mensis* für Monat und bezeichnet die regelmäßige Monatsblutung einer Frau. Häufig sagt man aber auch, dass eine Frau ihre Regel, ihre Periode oder ihre Tage hat.

In der Gebärmutterschleimhaut, dem Eibett, das jetzt nicht mehr gebraucht wird, lösen sich deshalb ungefähr zwei Wochen nach dem Eisprung die obersten Schichten. Dabei blutet es. Dieses Blut fließt zusammen mit der abgelösten Schleimhautschicht durch die Scheide nach außen: Das ist die Menstruation. Jetzt wiederholt sich der ganze Vorgang, ein neuer Zyklus (vom griechischen Wort *kyklos* = Kreis) von rund vier Wochen beginnt: Die oberen Schichten der Gebärmutterschleimhaut bauen sich sofort wieder auf. Eine neue Eizelle reift in einem der beiden Eierstöcke heran. Bei Mädchen zwischen 11 und 17 kann die Regel noch in sehr unregelmäßigen Abständen kommen. Nur ungefähr eines von drei Mädchen hat bereits einen regelmäßigen Zyklus. Manchmal dauert es bis zum 20. Lebensjahr, bis sich die Hormone aufeinander eingespielt haben. Wann ein Mädchen das erste Mal seine Regel bekommt, lässt sich nicht vorhersagen. Fast immer kündigt sie sich aber 6 bis 12 Monate vorher mit dem weißlich gelblichen Weißfluss aus der Scheide an.

### Wann hat eine Frau ihre und ein Mädchen seine Tage?

Im Durchschnitt rechnet man mit einem Zyklus von 28 Tagen. Er ist aber von Mädchen zu Mädchen und von Frau zu Frau verschieden und kann auch 26 Tage kurz oder sogar 34 Tage lang sein. Ein Zyklus beginnt immer am ersten Tag der Periodenblutung und endet am letzten Tag vor der nächsten Menstruation. Stress, Diäten oder Leistungssport können den Zyklus ins Schwanken bringen oder gar das Ausbleiben der Tage bewirken. Der Zyklus ist ein sehr sensibles Messgerät für die körperliche Verfassung der Frau.

## Wie verhält sich ein Mädchen, eine Frau während der Tage?

Manchmal ist das Ziehen im Unterleib während der Regel schmerzhaft. Dann kann das Mädchen eine Wärmflasche auflegen oder ein entspannendes Bad nehmen, denn Wärme hilft, die Verkrampfung der Gebärmuttermuskulatur zu lösen. Auch Sport tut vielen Mädchen gut. Falls die Schmerzen besonders stark sind, können die Eltern oder der Arzt ein schmerzlinderndes Medikament geben.

Viele Mädchen verwenden zuerst eine Binde, um die Menstruationsflüssigkeit aufzufangen. Sie wird in den Slip geklebt und fängt das Blut auf, wenn es aus der Scheide herausfließt. An der Luft trocknet das Blut dann und riecht manchmal unangenehm. Hygiene ist, wie immer, das A und O. Waschen und regelmäßiges Wechseln der Binden hilft. Im Allgemeinen sollte das Mädchen die Binde mindestens alle drei bis vier Stunden wechseln. Die gebrauchte Binde packt sie am besten in Toilettenpapier ein oder in die Plastikfolie der neuen Binde und wirft sie in einen Toiletteneimer.

Eine andere Möglichkeit, das Menstruationsblut aufzufangen, sind Tampons. Sie bestehen aus gepresster Watte und es gibt sie in mehreren Größen. Das Mädchen führt den Tampon je nach Marke mit dem Finger oder einer Einführhilfe aus Kunststoff oder Pappe in ihre Scheide ein. Dort saugt er das Menstruationsblut auf, bevor es aus der Scheide herausfließt. Mit einem Rückholbändchen, das am Tampon befestigt ist und aus der Scheide hängt, kann das Mädchen den vollgesogenen Tampon problemlos wieder herausziehen. Wie oft der Tampon gewechselt wird, hängt ganz von der Stärke der Blutung ab. Man kann ihn zwischen drei und acht Stunden tragen.

## Ab wann kann ich eigentlich Kinder zeugen?

Ein Junge ist von dem Moment an zeugungsfähig, an dem er seinen ersten Samenerguss hatte. Das bedeutet – und das ist ganz wichtig! –, dass du vom ersten Samenerguss an ohne zuverlässige Verhütungsmaßnahmen ein Kind zeugen kannst!

Mädchen, die bereits ihre Periode haben, sind fruchtbar. Auch in sehr jungem Alter und schon beim ersten Geschlechtsverkehr können sie schwanger werden, wenn sie ungeschützt sind! Weil bei jedem Jugendlichen die Pubertät anders verläuft, gibt es keinen genauen Zeitpunkt, ab wann welches Mädchen fruchtbar und welcher Junge zeugungsfähig wird. Auch wenn nun dein Körper so »erwachsen« ist, dass du bereits Vater werden und ein eigenes Kind zeugen könntest: Gehe mit dieser neuen Fähigkeit vorsichtig und achtsam um. Genieße dein Abenteuer des Erwachsenwerdens unbeschwert, aber verantwortungsbewusst.

## Wie ist der Penis gebaut?

Der Penis ist das äußerlich sichtbare Geschlechtsorgan des Mannes, sein Glied. Er besteht aus dem Schaft, der wie ein Rohr geformt ist, und der Eichel an der Spitze. Die Eichel ist von vielen Nerven durchzogen und der empfindlichste Körperteil des Mannes. Sie liegt unter der Vorhaut versteckt. Größe und Länge des Penis sind von Junge zu Junge, von Mann zu Mann unterschiedlich. Ob du eine Erektion oder einen Orgasmus bekommen und eine Frau sexuell befriedigen kannst, ist übrigens von Größe und Länge nicht im Geringsten abhängig. Im Inneren des Penis führt die Harnröhre zur Spitze der Eichel, damit Urin und Samenflüssigkeit nach außen fließen können.

## Was heißt eigentlich ...

... Penis? Mit dem lateinischen Wort *penis* bezeichneten schon die alten Römer das männliche Glied. Ein anderes Wort für Penis ist Phallus (vom griechischen Wort *phallós*).

Zum größten Teil besteht das Glied aus lockerem Bindegewebe, in dem sich die Schwellkörper befinden. Bei sexueller Erregung füllen sich diese Schwellkörper mit Blut. Dadurch bewirken sie, dass sich das Glied versteift: Das ist dann die Erektion. Der weiche Penis richtet sich dabei aus seiner normalen, hängenden Lage auf, wird härter und größer als sonst.

## TIPP

Du brauchst dir übrigens keine Sorgen zu machen, dass sich Urin und Samenflüssigkeit vermischen könnten. Das Wasserlassen ist nur bei erschlafftem Penis möglich; umgekehrt findet der Samenausstoß nur in steifem Zustand statt. Weil sich bei einer Erektion der Blasenhals schließt, kann kein Urin gleichzeitig ausfließen.

## Was ist eine Ejakulation?

Zwischen den Beinen hängen im Hodensack die eiförmigen Hoden herunter. In ihrem Inneren befinden sich die Samenkanälchen, in denen die Samenzellen heranreifen. Die Kanälchen sind stark gewunden; würde man sie aufdröseln, wären sie insgesamt rund dreihundert Meter lang. In dieser kleinen Fabrik wird also (ausgelöst vom Geschlechtshormon Testosteron) von deiner Pubertät an bis ins hohe Alter ständig Samen produziert. Bei Jungen gibt es nämlich keinen Zyklus wie bei Mädchen.

Die Entwicklung der Samenzellen im Hoden ist eine ziemlich komplizierte Angelegenheit. Nachdem sie verschiedene Entwicklungsstufen durchlaufen haben, sind nach etwa drei Monaten reife Samenzellen entstanden, die mit Kopf, Mittelstück und Schwanz einer winzigen Kaulquappe ähneln. Der Kopf enthält den Zellkern mit allen Erbanlagen, der Schwanz dient zur Fortbewegung.

---

**Was heißt eigentlich …**

**… Ejakulation?** Diese Bezeichnung für den Samenerguss kommt vom lateinischen Wort *eiaculare* = hinauswerfen, hinausschleudern.

---

Hinter den Hoden liegen geformt wie eine Mondsichel die Nebenhoden, sie speichern die Samenfäden. Von den Nebenhoden führen die Samenleiter zur Harnröhre. Durch diesen Gang werden die Samenfäden beim Orgasmus, dem sexuellen Höhepunkt, hinausgeschleudert. Diesen Vorgang nennt man Samenerguss oder Ejakulation.

Was passiert da genau? Die Muskulatur des Samenleiters zieht sich ganz stark zusammen, die Samen werden in die Harnröhre befördert. Jetzt kommt noch aus der Prostata und den Samenbläschen eine Flüssigkeit dazu, die die Samenzellen in Bewegung bringt und ernährt. Das ist das weißliche, gallertartige Sperma. In rhythmischen Bewegungen werden die Samen dann aus der

Harnröhre herausgespritzt, zwischen 200 und 500 Millionen Samenzellen pro Samenerguss. Ebenso wie ein Mädchen vom ersten Eisprung an schwanger werden kann, kannst du, sobald du den ersten Samenerguss hattest, ein Kind zeugen.

## Spermaflecken – peinlich, oder?

Nein. Spermaflecken im Schlafanzug oder auf dem Bettzeug sind Zeichen für einen unbewussten Samenerguss im Schlaf. Sie heißen auch »feuchte Träume« oder Pollution. Das ist das deutlichste Zeichen für deinen Eintritt in die Pubertät. Damit weißt du, dass deine Hoden Samen produzieren. Wenn du nun in deiner seelischen Entwicklung so weit bist, dass du in der Nacht erotische Träume hast und gleichzeitig die »Samenfabrik« in den Hoden bereits Samen produziert, kann es zu einer Pollution kommen. Später reguliert sich das, sodass es in der Regel zu einem Samenerguss nur bei Geschlechtsverkehr oder Selbstbefriedigung kommt.

---

**Was heißt eigentlich …**

**… Sperma?** Der Begriff (vom griechischen Wort *spérma* = Same, Keim) bezeichnet die Samenflüssigkeit.

**… Pollution?** Das Wort für den spontanen, meist nächtlichen Samenerguss kommt vom spätlateinischen *pollutio* (= Besudelung).

---

Peinlich muss dir eine Pollution jedenfalls nicht sein. Jeder Mann hat das schon einmal erlebt. Mach dir deshalb keinen Stress. Denn erstens bekommen nicht alle Jungen diesen sogenannten **»feuchten Traum«**, wenn sie in die Pubertät kommen. Manche merken auch erst irgendwann bei der Selbstbefriedigung, dass sie jetzt einen **Samenerguss** bekommen können. Und zweitens weiß deine Mutter oder wer sonst bei euch die Wäsche macht, dass solche Flecken bei Jungen in deinem Alter normal sind. Normalerweise sprechen Mütter ihre Söhne auch nicht darauf an. Denn sie wissen, dass das zur Intimsphäre gehört.

> **TIPP**
>
> Schlafe im Slip und wirf ihn am Morgen in die Wäschetonne oder beziehe dein Bett einfach selbst neu. Spermaflecken gehen beim Waschen problemlos wieder raus.

### ⭐ Wie bekommt man ein steifes Glied?

Du siehst ein schönes Mädchen, denkst an sie. Was wäre, wenn sie mich auch toll fände? In deinem Kopf spielt sich Kino ab. Oder du siehst geile Bilder und schon merkst du, dass sich dein Glied versteift. Rein körperlich passiert Folgendes: Blut schießt in den Penis ein, die Schwellkörper werden prall und der Penis richtet sich auf. Er wird steif. Entspannt ist er durchschnittlich zwischen 7 und 10 cm lang. Wird er steif, ist er erigiert, beträgt seine Länge

ungefähr 14 bis 17 cm. Warum? Weil sich im aufgerichteten, steifen Penis sechs- bis siebenmal so viel Blut befindet wie im Ruhezustand. Das vegetative Nervensystem sorgt dafür, dass mehr und schneller Blut in den Penis strömt als wieder abfließen kann. Es ergibt sich eine Blutansammlung in den Schwellkörpern des Gliedes und man hat dann eine Erektion.

> **Was heißt eigentlich …**
> **… Erektion?** Wenn das Glied eines Jungen oder Mannes steif wird und sich aufrichtet (= erigiert), nennt man das eine Erektion (vom lateinischen Wort *erigere* = aufrichten).

## Was tun, wenn ich mich wegen meiner Erektion schäme?

Bei Jungen in der Pubertät macht das Glied oft, was es will. Meistens bekommst du eine Gliedversteifung, wenn irgendetwas dich »anmacht«. Das können sexuelle Fantasien sein, Berührungen, der Anblick einer schönen Frau oder der Gedanke an ein Mädchen, dessen Freund du gerne wärst. Manchmal hast du auch eine Erektion, ohne dass sich etwas Erregendes abgespielt hätte, einfach so. Dein noch unausgewogener Hormonspiegel treibt mit dir diese Scherze. Vor allem morgens wirst du häufig mit einer Erektion aufwachen als Folge einer vollen Harnblase. Das kann zwar ziemlich lästig sein, braucht dich aber nicht weiter zu beunruhigen. Selbst erwachsene Männer sind noch davon betroffen. Man weiß übrigens nicht hundertprozentig genau, wie die Gliedversteifung zustande kommt. Sicher ist, dass sie ein unwillkürlicher, vom Nervensystem gesteuerter Reflex ist.

Wenn dir eine Erektion ungelegen kommt, solltest du es locker nehmen. Vielleicht hilft es dir, wenn du legere Kleidung trägst, sodass von außen nichts sichtbar ist.

### Ist mein Penis zu klein?

Deswegen brauchst du dir keine Sorgen zu machen. Was für die Scheide der Mädchen gilt, gilt auch für den männlichen Penis: Kein Penis ist wie der andere. Deshalb gibt es auch keine »Normgrößen«. Wie sich ein Mensch vom anderen unterscheidet, so hat auch jeder Penis seine eigene Größe, Länge, Dicke und Form. Auch eine gewisse Krümmung ist beispielsweise ganz normal. Für einen befriedigenden Geschlechtsverkehr oder zur Befruchtung einer Eizelle ist die Penisgröße nicht maßgeblich. Ob der Penis groß oder klein ist: Die Scheide ist so elastisch und dehnbar, dass sie sich problemlos der Größe des steifen Gliedes anpasst.

### Ich bekomme die Vorhaut nicht über die Eichel – kann man da etwas machen?

Bekommst du die Vorhaut nicht oder nur mit Schmerzen über die Eichel, hast du wahrscheinlich eine Vorhautverengung (auch Phimose genannt). Dabei kann die Vorhaut des Penis entweder mit der Eichel fest verklebt sein oder eine ringförmige Vernarbung aufweisen. Die Medizin unterscheidet eine vollständige und eine unvollständige Phimose. Handelt es sich um eine vollständige Phimose, kann der Mann die Vorhaut selbst bei erschlafftem Glied nicht zurückschieben. Bei der unvollständigen Phimose geht dies nur nicht, wenn das Glied steif ist. Du darfst auf keinen

Fall versuchen, die Vorhaut mit Gewalt zurückzuziehen. Denn dabei könntest du die Vorhaut einreißen oder verletzen, sodass Narben entstehen, die deine Vorhautverengung verschlimmern. Der Arzt hat verschiedene Möglichkeiten, eine Phimose zu korrigieren, zum Beispiel mit Kortisonsalbe, mit einer Umschneidung (auch Beschneidung oder Zirkumzision) oder mit chirurgischen Eingriffen, die man auch als »Vorhauterweiterungsplastik« bezeichnet.

Übrigens ist die Beschneidung des Mannes bei ganzen Völkern und religiösen Gruppen üblich, etwa bei den Juden. Dort gibt es den religiösen Ritus der Beschneidung im Kindesalter – eine Tradition, die wohl ursprünglich hygienischen Zwecken diente.

## TIPP

Wenn du dir nicht sicher bist, dass mit deinem Penis oder Hoden alles in Ordnung ist, oder wenn du Schmerzen hast, dann gehe zu deinem Arzt.

### Bin ich pervers, wenn ich mich selbst befriedige?

Nein. Du bist nicht pervers, wenn du dich selbst befriedigst. Um zu sehen, wann Selbstbefriedigung gut und wichtig ist und wann mit ihr falsche Akzente gesetzt werden, müssen wir kurz darüber nachdenken, wofür denn Sex überhaupt da ist. Früher sagte man: ganz klar, fürs Kinderkriegen. Heute weiß man: nicht nur fürs

Kinderkriegen, sondern auch für die Liebe. Wenn zwei Menschen einander lieben und es ernst miteinander meinen, dann geben sie ihrer Liebe auch körperlichen Ausdruck, dann schlafen sie miteinander und befriedigen sich gegenseitig. Die zwei Partner schenken und bereiten einander Lust.

**Was heißt eigentlich ...**

**... Masturbation?** Die Wörter Masturbation (vom lateinischen Wort *masturbari*) und Onanie (nach dem biblischen Namen Onan) bezeichnen die sexuelle Selbstbefriedigung. Über Onan, den Sohn des Juda, heißt es in der Bibel, er habe »den Samen zur Erde fallen und verderben« lassen (1 Mose 38, 1–11).

Damit man sich gegenseitig nun befriedigen und Lust bereiten kann, muss man seinen eigenen Körper kennen und lieben. Es ist natürlich, wichtig und schön, an sich selbst herauszufinden, was einem Lust bereitet. Du beschäftigst dich ganz mit dir allein und bereitest dir angenehme Gefühle. Du berührst deinen ganzen Körper und hast dabei erotische Fantasien. Das machen Mädchen genauso wie Jungen. Die Pubertät ist für viele Jugendliche zudem mit seelischen und körperlichen Spannungen verbunden, sodass sie versuchen, auf diese Weise Dampf abzulassen. Das ist normal und in Ordnung. Auch viele Erwachsene masturbieren – weil sie gerade keinen Partner haben oder weil sie einen Partner haben, gerade aber nicht mit ihm schlafen können.

Gibt es denn auch Situationen, in denen man die Selbstbefriedigung kritisch sehen muss? Ja, die gibt es. Sie sind ganz einfach zu erkennen: Wenn dich Selbstbefriedigung einsamer macht statt

fähiger zur Liebe, dann ist sie mit Sicherheit falsch. Und wenn dich Selbstbefriedigung egoistisch macht statt liebevoll, dann weißt du, dass du etwas korrigieren musst. Man weiß heute, dass die menschliche Sexualität »gestaltungsoffen« ist. Du tust etwas, tust es häufig, vielleicht weil sich gerade nichts anderes anbietet – und irgendwann wird es zur Gewohnheit: Du befriedigst dich immer selbst und willst es gar nicht mehr anders haben.

**TIPP**

Zum Nachdenken kannst du dir ein paar Fragen stellen: Masturbierst du, weil es schön ist und du dich und deine Liebesfähigkeit kennenlernen möchtest – oder tust du es eher, weil du damit Konflikte lösen willst, sozusagen als Ablenkung vom eigentlichen Problem? Wird die Selbstbefriedigung für dich immer dann zu einem Muss, wenn du Schwierigkeiten hast oder dich in kritischen Situationen befindest, dann solltest du etwas ändern. Denn du isolierst dich auf diese Weise zu sehr und kannst dich unter Umständen immer schwerer anderen Menschen öffnen.

## Wann ist man eigentlich impotent?

Der Begriff »Impotenz« ist mit viel Negativem und viel Leid besetzt. Es wird vermutet, dass in Europa vier Prozent der Männer an mehr oder weniger schwerer Impotenz leiden, wobei sie im Alter eher häufiger anzutreffen ist. Auch Napoleon I. und Mark Twain litten darunter.

**Was heißt eigentlich ...**

... Impotenz? Wörtlich übersetzt heißt Potenz Kraft.
Und zwar die Manneskraft, um einen steifen Penis (andere
sagen: einen Ständer) zu bekommen. Impotenz bedeutet
also, dass ein Junge oder ein Mann keine Erektion bekommen kann, die zum Geschlechtsverkehr oder zur sexuellen
Befriedigung ausreichen würde. Seelische und/oder
körperliche Ursachen können einer Impotenz zugrunde
liegen.

Wie schon gesagt ist ein entspannter Penis durchschnittlich zwischen 7 und 10 cm lang und im erigierten Zustand ungefähr 14
bis 17 cm (das sind keine Normmaße!). Weil sich im aufgerichteten, steifen Penis sechs- bis siebenmal so viel Blut befindet wie
im Ruhezustand. Schaltzentrale dafür ist das vegetative Nervensystem. Das Blut, das in den Penis strömt, ist schneller als das
wieder abfließende Blut. Auf diese Weise ergibt sich eine Blutansammlung in den Schwellkörpern des Gliedes und die Erektion
bleibt erhalten. Eine Erektion ist das wunderbare Zusammenspiel
von Nervensystem, Blutgefäßen, Hormonen und Psyche. Wenn es
dabei zu Störungen kommt, spricht man von Erektionsstörungen.
Was bringt dieses Zusammenspiel ins Stocken und sorgt dann für
eine Impotenz? Es gibt viele Möglichkeiten, zum Beispiel psychische Ursachen oder physiologische Ursachen wie Herz-Kreislauf-
Störungen, organische Schäden, aber auch Medikamente, Hor-
monschwankungen, Alkohol, Drogen oder die Kombination von
geringfügigen körperlichen Störungen und leichteren seelischen
Problemen. Um eine Impotenz zu behandeln, braucht man die
Hilfe eines Urologen.

# KAPITEL 3

Body & Soul:
Von Körperkult und Körperkultur

## Was ist jetzt gut für mich?

Verlass dich auf dich selbst und entwickele deine eigenen Vorstellungen. Informiere dich, bilde dir eine eigenständige Meinung und suche deine eigenen Ziele. Dann schlitterst du nicht in Abhängigkeiten oder heikle Situationen hinein, nur weil deine Clique das schick findet oder weil du unbedingt dazugehören willst. Es ist schon so: Wer »in« ist, steht im Zentrum der allgemeinen Aufmerksamkeit und ist gefragt. Wer dagegen »out« ist, kann einpacken, kein Mensch interessiert sich für ihn. Hier ein paar Ideen und Vorschläge, die dir helfen können, gesund, fit und »in« zu sein.
Ein Aspekt ist gesundes Leben. Dazu gehört speziell in der Wachstumsphase richtige Entspannung und Ernährung, Stress in Maßen, ausreichend Bewegung, vernünftige Gewichtskontrolle, keine Drogen. Chips, Hamburger, Cola, Popcorn, Schokolade, Pizza, Pommes, aber auch Weißbrot enthalten viel Zucker, Fett und Kalorien. Sie machen schlaff, krank und dick. Vitamine, Mineralstoffe und Ballaststoffe wie z.B. in Obst, Gemüse, Vollkornprodukten sind für Haut und Haare optimal. Die machen sich nicht auf der Waage bemerkbar, sondern stimulieren dein Wohlbefinden und deine Denkfähigkeit.
Die meisten Leute trinken zu wenig. Ein einfacher Test zeigt dir schnell, ob du ausreichend trinkst: Ist dein Harn (Urin) hell,

trinkst du genug, ist er dunkel, sollten bei dir die Warnlichter an-
gehen. Wenn du schon in jungen Jahren viel Flüssigkeit zu dir
nimmst, trainierst du Kreislauf und Stoffwechsel und wirst das
ausreichende Trinken auch im Alter nicht vergessen.

Alkohol, Heroin, Haschisch, Kokain haben weitreichende Folgen.
Mit jeder Droge setzt du über kurz oder lang dein Leben aufs
Spiel. Und trotzdem leben immer mehr Jugendliche nach dem
Motto »Keine Fete ohne Drogen«. In Europa schlucken Mädchen
und Jungs in Kneipen und auf privaten Feiern Drogen-Cocktails
aus Ecstasy, Kokain und Alkohol. Speziell die Gefährlichkeit von
Ecstasy wird ziemlich unterschätzt. Ecstasy und verwandte che-
mische Drogen bescheren dir Gemütsveränderungen, Schlaflosig-
keit, Gedächtnisstörungen, Halluzinationen und Panikattacken.
Über kurz oder lang führt die Partydroge auf direktem Weg in die
Psychiatrie. Wenn Drogen für dich bereits ein Thema sind, gibt es
Möglichkeiten, dich an entsprechende Institutionen zu wenden.

**TIPP**

Denke daran, dass du über den ganzen Tag verteilt
ausreichend trinkst. Warte nicht, bis du Durst hast.
Zum Beispiel in der Schule verringert Durst deine
geistige Leistungsfähigkeit. Du kannst weniger gut
aufpassen und lernen. Mit einer Trinkmenge von
1 bis 1,5 Litern Mineralwasser oder Früchtetee pro
Tag kommst du gut aus. Mehr schadet zwar nicht,
bringt aber auch nichts.

## Saufen bis zum Umfallen?

Party machen, Spaß haben, leichte Kontakte und gute Stimmung: Manche hoffen auf diese Wirkung von Alkohol. Oder sie machen mit den anderen mit, weil sie keine Spaßbremse sein wollen. Viel Alkohol in kurzer Zeit zu trinken, ist das Ziel von Flatratepartys, Rauschtrinken und Komasaufen. Am Ende ist man heillos betrunken und verliert komplett die Kontrolle. Je früher Kinder und Jugendliche zu trinken beginnen, desto größer ist die Gefahr, dass sie davon abhängig werden. Wenn du immer wieder Alkohol trinkst, dann ist das ein Warnsignal und ein Grund, fachlichen Rat zu suchen. Du musst wissen, weshalb du Alkohol höchstens gelegentlich und in geringen Mengen trinken sollst. Die Zahl der Jugendlichen, die im Vollrausch ins Krankenhaus müssen, steigt seit Jahren stetig an. Viele haben keine Ahnung, wie viel Alkohol Spirituosen eigentlich enthalten. Und sie denken auch nicht daran, dass so ein Vollrausch tödlich sein kann. Wer mitmacht, lebt also nicht nur gefährlich, sondern legt den Grundstein für eine Abhängigkeit, für bleibende körperliche und psychische Schäden. Dass Jugendliche Alkohol kennenlernen möchten, ist normal, aber: Die Entscheidung für einen alkoholfreien Abend triffst nur du alleine.

## Ist Rauchen sexy?

Sicher nicht. Oder hast du schon einmal einen vollen Aschenbecher geküsst? Ja, ja, ein uralter Spruch mit endlos langem Bart – so wie im Grunde übers Rauchen längst alles gesagt ist. Hier trotzdem noch einmal die wichtigsten Fakten als Entscheidungshilfe für dich: Im Tabakrauch gibt es etwa 4000 chemische Stoffe wie

Arsen oder Blei, 200 sind nachgewiesen giftig und etwa 70 gelten als krebserregend. Wer raucht, riecht also nicht nur aus dem Mund und muffelt aus Haaren und Kleidern. Wer raucht, setzt Leben und Gesundheit aufs Spiel. Rauchern drohen unter anderem Bronchitis, Kopfschmerzen, Durchblutungsstörungen, Herzinfarkt und Lungenkrebs. In Deutschland sterben etwa 300 Menschen täglich an den Folgen des Rauchens. Wer vom Rauchen loskommt, mindert sein persönliches Risiko enorm. Schon einen Tag nach der letzten Zigarette sinkt das Herzinfarktrisiko. Mit dem Rauchen aufzuhören oder es radikal einzuschränken, bringt dir eine Menge. Du fühlst dich viel fitter, sparst viel Geld, deine Klamotten stinken nicht mehr so. Und: Deine Küsse schmecken wieder viel besser.

**TIPP**

*Das Rauchen von Wasserpfeifen, den Shishas, ist übrigens genauso giftig wie das von Zigaretten.*

## Brauche ich Hasch & Co.?

Sicher nicht. Denn durch Suchtmittel mag dem einen oder anderen das Leben vielleicht etwas leichter oder freundlicher erscheinen, tatsächlich aber sind die Risiken sehr hoch. Ob Schlaf-, Beruhigungs- und Schmerzmittel, Haschisch und Marihuana, Rauschpilze, Schnüffelstoffe, Opium, Kokain, Crack, Ecstasy oder LSD: Wenn Drogen für dich ein Thema sind, gibt es die Möglich-

keit, dich an entsprechende Institutionen (siehe Anhang) zu wenden. Hilfreich ist auch die Überlegung, was dich an Drogen reizt und was sie für dich bedeuten. Wie wichtig auf einer Skala von 1 bis 10 ist der Konsum für dich. Je wichtiger sie sind, desto gefährdeter ist man für die nächsthöhere Stufe. Über Drogen und deren Folgeschäden wird heute in der Schule und im Internet intensiv aufgeklärt. Die Entscheidung, inwieweit man seinen Körper belastet, treffen wir selbst. Sei es in der Ernährung oder in der Sucht. Sollten Drogen ein Thema bei deinen Eltern sein und du möchtest dich abgrenzen, nutze deine Stärken und dein Selbstbewusstsein, um zufrieden und gesund erwachsen zu sein.

## Wie viel Hygiene und Körperpflege müssen sein?

Der Körper ist der Übersetzer der Seele ins Sichtbare, meinte einmal der deutsche Schriftsteller Christian Morgenstern. Das heißt für dich: Du hast nicht einen Körper, sondern du bist dein Körper. Und dementsprechend bist du auch dafür verantwortlich. Damit du dich rundum wohlfühlst, legst du dir am besten ein ganz persönliches Wellness-Programm zu: regelmäßig duschen und waschen, täglich frische Wäsche und Socken. In den großen Bekleidungshäusern gibt es preiswerte, schicke Wäsche, mit der sich Mann und Frau durchaus wohlfühlen können. Da hast du eine Riesenauswahl und super Qualität: pflegeleichter Materialmix, weiche Microfaser, Baumwolle light, Pima-Baumwolle … In der Pubertät schwitzt du stärker als früher. Wenn du täglich Wäsche und schmutzige oder geruchsbelästigende Kleidung wechselst, dann sorgst du für dein eigenes und das allgemeine Wohlbefinden. Hilfreich dabei ist die Nase des Freundes und der Freundin, von Schwester oder Bruder, also von jemandem Vertrauten, denn

man riecht sich selbst in diesem Punkt leider nicht. Auch Mund-
geruch bemerken die anderen deutlich früher. Pack also einfach
ein Deo und Pfefferminzbonbons in die Schultasche.

**TIPP**

Eine kurze Dusche ist besser als ein Vollbad, denn
vom höheren Wasserverbrauch ganz abgesehen
laugen häufige Bäder deine Haut aus und schaden
ihrem Säureschutzmantel. Schau dich im Drogeriemarkt nach Produkten um, die von Ökotest empfohlen sind. Die sind gut und preiswert und zur täglichen Pflege geeignet.

Einmal am Tag solltest du die Schamgegend und die Region um
den Darmausgang mit lauwarmem Wasser und einer milden Seife
oder einer Waschlotion waschen. Du beginnst mit dem Glied und
den Hoden, danach kommt die hintere Region um den After
dran. Wichtig ist, dass du die Vorhaut am Glied vorsichtig zu-
rückschiebst, denn dort in der Gliedfurche sammelt sich am unte-
ren Rand der Eichel eine weißliche Ablagerung, das Smegma.
Sämtliche Seifenreste spülst du sorgfältig ab. Fertig. Falls du es
nicht sowieso schon machst, solltest du dir angewöhnen, nach jedem Gang auf die Toilette das Glied mit Toilettenpapier trocken
zu tupfen und deine Hände zu waschen.

Nach dem Duschen cremst du dich mit einer leichten Bodylotion
ein, die deine Haut vor dem Austrocknen schützt. Ob du als Deo
in den Achselhöhlen ein Spray oder einen Roll-on verwendest, ist

Geschmackssache. Gut für die Haut sind Produkte ohne Alkohol, Farb- und Konservierungsstoffe. Je mehr Alkohol und Duftstoffe enthalten sind, desto größer ist die Gefahr, dass deine Haut mit Rötungen und Brennen reagiert. Frisch gewaschene Haare sind prima. Es gibt für jeden Haartyp milde Shampoos und Pflegespülungen zur täglichen Kopfwäsche. Um deine Körper- und Intimpflege perfekt zu machen, kannst du abschließend einige Tropfen Eau de Toilette oder Aftershave nehmen.

Mit einem strahlenden Lächeln hast du schon gewonnen. Für gesunde Zähne gilt: Mindestens zweimal täglich putzen, am besten morgens nach dem Frühstück und abends nach dem Abendessen, und einmal täglich vor dem Zähneputzen mit Zahnseide die Zahnzwischenräume reinigen. Mach zweimal im Jahr den Check beim Zahnarzt und die professionelle Zahnreinigung. Bei Jugendlichen bis zum 18. Lebensjahr übernehmen die Kassen die Kosten für die sehr sinnvolle Vorsorge.

## Ab wann muss ich mich rasieren?

Wann und wie dein Bart wächst, regeln die männlichen Hormone. Zunächst wirst du einen zarten Flaum feststellen, der dir auf der Oberlippe, am Kinn, auf den Wangen und auch am Hals wächst. Rasieren oder nicht? Das solltest du am besten selbst entscheiden: Fühlst du dich wohl mit Bartflaum im Gesicht? Stört dich vielleicht die Farbe der Barthaare? Ist deine Haut extrem empfindlich? Dich selber wahrzunehmen, deine persönlichen Bedürfnisse zu erkennen, ist auch ein Schritt in Richtung Erwachsenwerden.

Statistisch gesehen verbringt ein Mann im Laufe seines Lebens etwa 3600 Stunden, also rund fünf Monate, mit Rasieren. Für

viele endet der Spaß mit roten Pickeln oder auch »einschneidenden« Ergebnissen. Jede Rasur ist eine Belastung für deine Gesichtshaut – egal ob Trocken- oder Nassrasur. Deshalb vor der Rasur das Gesicht mindestens drei Minuten mit warmem Wasser befeuchten und beim Nassrasierer die Klingen wechseln, sobald sie sich abgenutzt anfühlen. Manchmal kann es zu Problemen wie bakteriellen Infektionen, einwachsenden Härchen oder Hautunreinheiten kommen. Wer stark unter Akne leidet, sollte zunächst mit dem Hautarzt das Thema Rasur besprechen. Auf alle Fälle ist richtige Hygiene beim Rasieren wichtig. Rasiere dich gleich am Morgen, da ist deine Haut noch elastisch und nicht so empfindlich wie am Abend.

## Wie rasiere ich mich richtig?

Die gründlichere Rasur, so heißt es, sei die Nassrasur. Sie strapaziert aber die Haut stärker als ein elektrischer Rasierapparat. Was ist zu beachten? Die Klinge muss immer scharf und sauber sein. Du beginnst – in Wuchsrichtung der Härchen – mit den Wangen und fährst dann an Hals, Oberlippe und Kinn fort. Ob du für die Nassrasur lieber Schaum, Creme, Seife oder Gel verwendest, musst du einfach ausprobieren.

Wer sich lieber trocken rasiert, sollte sich vor dem Waschen rasieren. Die Haut schwillt nach dem Waschen manchmal leicht an und ist dann schwieriger, glatt zu rasieren. Beim Trockenrasieren reinigst du den Scherkopf nach jeder Rasur, sonst riskierst du Hautinfektionen. Lass dich im Fachhandel beraten, die Auswahl an Geräten ist groß. Spanne die Haut beim Rasieren leicht und führe den Rasierer mit gleichmäßigem Druck gegen die Bartwuchsrichtung. Drücke den Rasierapparat nicht zu fest an und

mache langsame Bewegungen. Nach der Rasur wäschst du dein Gesicht gründlich zuerst mit warmem und im Anschluss mit kaltem Wasser ab. Tupfe dein Gesicht mit einem Handtuch trocken, dann kannst du einen beruhigenden Aftershave-Balsam auftragen. Alkoholhaltiges Rasierwasser desinfiziert zwar kleine Schnittwunden, kann aber deine Haut austrocknen und Rötungen verursachen.

## Was muss ich bei der Intimrasur beachten?

Intimrasur ist bei Männern noch eher selten. Wer sich unten trotzdem rasieren will, muss extrem vorsichtig sein. Die Haut im Schambereich ist sehr empfindlich. Für eine Nassrasur brauchst du einen Nassrasierer für Männer oder Frauen, Rasiergel oder Rasiermousse (Gels sind teurer, aber ergiebiger) und – wenn du empfindliche Haut hast – einen Pflege-Hautbalsam! Der Rasierer sollte nur von dir benützt werden. Am besten legst du dir einen ganz normalen Nassrasierer mit zwei oder mehr Klingen zu. Ersatzklingen kaufst du bei Bedarf nach. Rasierst du dich regelmäßig, solltest du die Klinge spätestens nach vier Wochen wechseln. Am sichersten sind Rasierer mit einem Klingenschutz. Mit ihnen kannst du dich nicht so leicht verletzen. Einige Tipps: **Rasier dich am Abend. Geh schrittweise vor. Nimm dir Zeit und sorge für viel Licht.** Schäum dich gut ein und rasiere dich immer in Wuchsrichtung und nicht gleich ganz glatt. **Pass auf Hodensack und Penis auf!** Nach der Rasur solltest du die Haut pflegen und eventuell zusätzlich ein nicht alkoholhaltiges Antiseptikum (keimtötendes Mittel) verwenden. Zieh jetzt nichts an, was scheuert.

## Wie pflege ich meine Haut?

Deine Gesichtshaut braucht keine Menge an stark entfettenden Mitteln und ausgefallenen Wässerchen. Was sie braucht, ist ein wenig liebevolle Zuwendung. Wasche dein Gesicht zweimal am Tag gründlich, mit einem seifenfreien Reinigungsprodukt (der pH-Wert sollte etwa 5,5 betragen) und einem weichen Waschlappen. Danach kannst du ein hautberuhigendes Gesichtswasser verwenden und leichte, feuchtigkeitsspendende Gels, Cremes oder Lotionen. In deinem Körper ist während der Pubertät eine ziemliche Action angesagt. Zum Beispiel müssen die männlichen und weiblichen Hormone ein richtiges Gleichgewicht finden. Das ist dann die Zeit, während der du unter Pickeln, Mitessern oder Unreinheiten leidest. Die entstehen durch die Entzündung kleiner Talgdrüsen. Bei Jugendlichen in der Pubertät ist die sogenannte Akne eine der häufigsten Hauterkrankungen. Bei leichter Akne kannst du eine Besserung mit rezeptfreien Wasch- und Pflegeserien aus der Apotheke oder dem Drogeriemarkt erzielen. Wenn du große, wunde Pickel hast, gehe zur Kosmetikerin oder zum Hautarzt, sie beraten dich bei der Hautpflege und entfernen Mitesser, bevor sie sich entzünden. Drücke die Pickel nicht selbst aus! Die Akne verschlimmert sich sonst und es können Narben entstehen. Wasche oft deine Haare und nimm sie aus dem Gesicht, vermeide zu viel Sonnenlicht, Wärme oder Kälte.

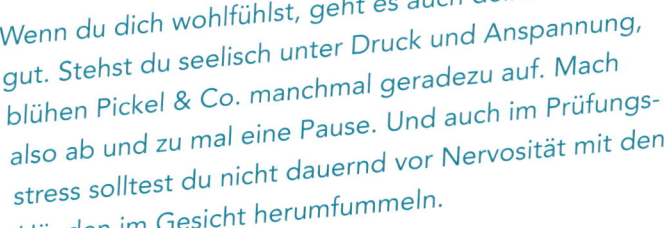

**TIPP**

Wenn du dich wohlfühlst, geht es auch deiner Haut gut. Stehst du seelisch unter Druck und Anspannung, blühen Pickel & Co. manchmal geradezu auf. Mach also ab und zu mal eine Pause. Und auch im Prüfungsstress solltest du nicht dauernd vor Nervosität mit den Händen im Gesicht herumfummeln.

## Piercing oder Tattoo?

Für Piercing und Tattoos gilt: Erst denken – dann stechen lassen! Sie gehen zwar in der Regel ohne Komplikationen ab, sind aber mit Risiken verbunden: vom Zerstören wichtiger Nervenbahnen, allergischen Reaktionen, bakteriellen Infektionen bis zur Übertragung von Hepatitis oder HI-Viren. Nimm dir also Zeit, um ein seriöses Piercing-Studio zu finden. Schau dir verschiedene Studios an, sprich mit deinen Freunden und lies dich ins Thema ein. Wird hier sauber und steril gearbeitet? Informiert man dich über Nachsorge und mögliche Probleme? Außerdem ist zu bedenken: Die Entfernung von Tattoos ist schwierig bis undurchführbar. Piercings hinterlassen nach Entfernen der Ringe oder Knöpfe sichtbare Narben. Ganz eindeutig ist die Rechtslage: Jugendliche unter 18 Jahren brauchen die Einwilligung der Erziehungsberechtigten.

## No Sports – oder lieber fit mit Fun?

Bist du fit, hast du mehr Selbstvertrauen, eine bessere körperliche und geistige Leistungsfähigkeit und du bist seelisch ausgegliche-

ner. Ein knackiger Po, straffe Muskeln oder mehr Beweglichkeit – etwas für Körper, Gesundheit und Wohlbefinden zu tun ist nicht nur gesund, sondern steigert auch die Laune und dein Selbstbewusstsein. Du solltest nicht nur aus optischen Gründen Sport treiben. Welche Sport- oder Bewegungsart du bevorzugst, ist eigentlich unwichtig – Hauptsache, sie fördert deine Kraft, Geschmeidigkeit und Leistungsfähigkeit. Tanzen, Schwimmen, Skaten, Snowboarden, Radfahren, Jogging oder Walken: Der richtige Mix bringt Spaß und Power und tut nebenbei auch deiner Seele gut bei Lustlosigkeit oder wenn du gerade ein Stimmungstief hast.

## Welche Essstörungen gibt es?

Essstörungen kommen nicht nur bei Mädchen vor, sondern auch – wenn auch deutlich weniger – bei Jungs. Zu den Essstörungen gehören Magersucht (Anorexia nervosa), Ess-Brech-Sucht (Bulimia nervosa) und Esssucht (Binge-Eating-Störung). Wer an Magersucht (Anorexia nervosa) leidet, will dünn, dünner und noch dünner werden. Er/sie hält strengste Diät und versucht mit allen Mitteln, Kalorien zu verbrennen. Wer Bulimie hat, bekommt wiederkehrende Essanfälle. In unkontrollierbaren Fressattacken werden dabei Unmengen von kalorienreichen Lebensmitteln verschlungen, die danach meist wieder erbrochen werden. Esssüchtige leiden ebenfalls unter unkontrollierbaren Fressanfällen. Sie versuchen aber nicht, das Essen wieder loszuwerden.

Den meisten Menschen, die an einer Essstörung leiden, sieht man ihre Krankheit nicht an. Sie sind besessen vom Essen. In ihrem Leben dreht sich alles um Nährwerte, Kalorien, Figur und Körpergewicht. Die Ursachen dafür sind unterschiedlich. Die Palette

reicht vom gesellschaftlichen Schlankheitsideal über die Familiensituation bis zu Minderwertigkeitsgefühlen und Stress. Viele Jugendliche orientieren sich in ihrem Essverhalten an mageren Vorbildern wie Bill Kaulitz oder irgendwelchen Models. Essen bzw. Nicht-Essen wird riskant, wenn es zur Schutzhülle zwischen dir und der Welt wird. Wenn Essstörungen für dich Thema sind oder du jemandem helfen willst, gibt es viele Möglichkeiten: mit Freundinnen und Freunden, mit Lehrer, Arzt oder Pfarrer reden, mit entsprechenden Institutionen oder auch einer Beratungsstelle für Essstörungen. Viele Infobroschüren und Material findest du natürlich auch im Internet.

Von der Pubertät heißt es, sie ist eine Art Testphase, in der man für sein späteres Leben ausprobiert, was man machen will. Das gilt auch dafür, wie du auf deinen Körper achtest. Auf keinen Fall hängt dein Wert vom Gewicht ab. Du bist wichtig und wertvoll, egal, wie viel du wiegst. Und nicht vergessen, was die digitalen Tricks in der Welt der schönen Bilder angeht, gilt heute auch für Schauspieler und Topmodels: Neigt der Body zum Flop, macht ihn der Computer wieder top.

# KAPITEL 4

Schnupperkurs:
Der erste Kontakt zum anderen Geschlecht

## ★ Wann bin ich reif für eine Beziehung zu einem Mädchen?

Mit der Pubertät beginnt für viele die Zeit, in der Jungen Mädchen allmählich mit anderen Augen sehen. Entweder hast du diese Phase schon erreicht oder sie »erwischt« dich früher oder später. Plötzlich fallen dir dann Dinge auf, für die du dich vorher überhaupt nicht interessiert hast. Vermutlich waren in deinen Augen Mädchen bis dahin doof, albern, nervig, lästig oder einfach nicht beachtenswert. Mit einem Mal findest du sie anziehend, attraktiv, aufregend, geheimnisvoll. Es gibt da eine ganze Palette von Empfindungen, die du bislang nicht kanntest. Dass sich dies alles zunächst meist noch ganz allgemein und eher aus der Ferne abspielt, ist ganz normal; schließlich musst du die Gefühle, die sich jetzt neu entwickeln, selbst erst einmal kennenlernen. Dein Körper und natürlich auch deine Gefühle, Wünsche und Sehnsüchte verändern sich – und alles im Leben braucht nun einmal seine Zeit.

Vielleicht hast du aber auch schon ein Auge auf ein Mädchen geworfen, vielleicht sind es auch mehrere, vielleicht gefällt dir sogar beinahe jeden Tag ein anderes Mädchen – und dennoch bist du ganz einfach noch nicht an einer engeren Beziehung interessiert. Wundere dich nicht, es ist ganz logisch, dass du dir deiner selbst und deiner Gefühle noch nicht so recht sicher bist. Dazu ist

das alles noch zu neu und ungewohnt. Es ist völlig normal, wenn dir deine Hobbys und das Zusammensein mit deinen Freunden immer noch wichtiger sind als die Nähe zu einem Mädchen.

Was gerade passiert, ist sozusagen ein erstes Abchecken der eigenen Empfindungen und ein langsames Annähern an das andere Geschlecht. Alles andere ergibt sich häufig von allein, und du selbst wirst mit Sicherheit der Erste sein, der merkt, wann es so weit ist. Irgendwann im Laufe dieser jetzt begonnenen Entwicklungsphase wirst du das ein oder andere Mädchen dann wahrscheinlich doch näher kennenlernen wollen. Oft passiert das in der Clique, man ist also häufig recht zwanglos mit mehreren Leuten zusammen. So kann man sich ein wenig »beschnuppern«, man unterhält sich, unternimmt etwas gemeinsam, findet einander vielleicht interessant, kommt sich näher, flirtet vielleicht auch ein bisschen – was genau da nun abläuft, ist von Typ zu Typ verschieden.

Es gibt – auf beiden Seiten – Schüchterne, Draufgänger und solche, die irgendwo dazwischen liegen. Eines Tages entdeckst du dann vielleicht, dass es dir ein bestimmtes Mädchen ganz besonders angetan hat. Alles an ihr fasziniert dich, deine Gefühle spielen »verrückt«, du möchtest nur noch mit ihr zusammen sein, sie geht dir einfach nicht mehr aus dem Kopf. Da ist dieses »Kribbeln im Bauch«, da schlägt dir das Herz bis zum Hals, wenn du sie siehst – da bist du also bis über beide Ohren verliebt. Klar, dass du dich jetzt nach ihrer Nähe, nach Zärtlichkeiten und Verständnis sehnst.

Ob sich aus einer Verliebtheit dann tatsächlich eine echte Freundschaft entwickelt, steht zumindest anfangs noch in den Sternen. Es heißt sicherlich nicht zu Unrecht, dass zwischen zwei Menschen ganz einfach die »Chemie« stimmen muss, damit die Liebe ihre Chance bekommt.

## Wie wirke ich auf Mädchen?

Wahrscheinlich stellst du dir manchmal die Frage, wie du dich eigentlich in Bezug auf Mädchen verhalten sollst: zurückgezogen und ruhig oder kontaktfreudig? Zuhören oder aktiv werden? Offen oder vorsichtig, nachgiebig oder cool sein?

Sei einfach du selbst. Denn nicht nur die ersten paar Sekunden entscheiden, wie du auf das Mädchen deiner Träume wirkst. Du willst ja, dass sie *dich* gern hat und nicht eine aufgesetzte Fassade, die dann nach und nach ins Wanken gerät. Es ist dir möglicherweise mit den Kumpels, mit denen du zusammen bist, nicht anders gegangen. Mancher, der auf den ersten Blick als toller Typ erscheint, erweist sich später als hohle Nuss. Das läuft mit den Mädchen auch nicht anders.

Natürlich möchtest du gerne einen tollen Eindruck machen und das solltest du auch, wenn du einem Mädchen gefallen möchtest. Doch das ist kein Kunststück. Wer gibt sich schon kühl und unnahbar, wenn er bei jemandem punkten will? Zeig deine starken Seiten, sei natürlich, höflich, lustig und hilfsbereit und schau dir an, was dem Mädchen gefallen könnte. Und noch etwas: Lass dir Zeit und lerne sie erst einmal kennen, bevor du über die große Liebe nachgrübelst. Vielleicht steht sie ja eher auf einen romantischen Kinoabend, während du dir Gedanken über Actionfilme machst. Für die Liebe ist es weniger wichtig, welches Zeug du dir in die Haare schmierst, welches Handy du gerade hast oder welche Klamotten du trägst. Was an dir bloß Show ist, durchschaut man schnell. Doch jede menschliche Qualität, die du deinen Mitmenschen zeigst, kommt gut an.

## Habe ich noch Zeit?

Deine ganzen Klassenkameraden stehen total auf Mädchen, während dir das noch ziemlich egal ist? Völlig in Ordnung. Es gibt keinen genauen Zeitpunkt, an dem das Interesse für das andere Geschlecht einsetzt. Selbst wenn manche deiner Freunde schon mit einem Mädchen »gehen«, heißt das noch lange nicht, dass du es ihnen jetzt auf der Stelle nachmachen musst. Geh es locker an und du wirst sehen: Alles kommt zu seiner Zeit.

Und selbst wenn du es toll fändest, jetzt und auf der Stelle eine Freundin zu haben, so gibt es doch eine Menge Gründe, mit einer echten Beziehung noch zu warten, denn in den Jahren, in denen du dich gerade befindest, hast du eine Menge Möglichkeiten, die später nicht so ohne weiteres wiederkehren. Das ist nämlich auch die Zeit, in der du eine Superleistung in deinem Spezialfach bringen, dich in deinem Sport an die Spitze setzen oder ein Ausnahmemusiker werden kannst, aber auch die Zeit, in der du dich eventuell sozial engagierst und dadurch wichtig für andere Menschen wirst. Und eine echte Beziehung kostet – nüchtern gesprochen – auch eine ganze Menge Zeit. Das hindert dich natürlich nicht daran, die Augen offen zu halten und mit Mädchen zu flirten. Genieß einfach dein Leben!

**TIPP**

Vielleicht hast du eine gute Freundin oder mehrere Mädchen als klasse Kumpels, mit denen du durch dick und dünn gehen kannst. Freu dich über die unbelastete Zeit mit ihnen, bevor ihr beginnt, euch als potenzielle Partner zu betrachten!

## Wie spreche ich ein Mädchen an?

Du hast dich in ein Mädchen verliebt, denkst Tag und Nacht nur an sie ... aber sie weiß noch nichts von ihrem Glück? Eines ist klar: Du willst das Mädchen beeindrucken, sie von dir und deinen Qualitäten überzeugen und ihr klarmachen, dass du sie gut findest. Das heißt aber, dass es wirklich um dich geht, um das, was du bist, denkst und kannst. Statussymbole wie Kleidung, Handy oder Geld helfen vielleicht, aufzufallen und Blicke auf sich zu ziehen, aber kannst du damit wirklich ihr Herz erobern? Ähnliches gilt für das Aussehen. Natürlich spielt die Optik immer eine Rolle, also solltest du auch auf dein Äußeres achten. Andererseits eignen sich nur die wenigsten Menschen zum Fotomodell. Was wirklich zählt, sind Charakter, Charme, Humor, Ausstrahlung und Persönlichkeit. Das bedeutet im Klartext: Sei du selbst und verstell dich nicht!

Zunächst solltest du herausfinden, ob sich das Mädchen deines Herzens überhaupt für dich interessiert. Dazu muss sie dich natürlich erst mal bemerken. Wenn du sie durch deine Clique, aus der Schule, dem Verein oder über Bekannte zumindest vom Sehen kennst, ist alles viel leichter, als wenn du als völlig Fremder auf sie zugehen musst. Aber auch dann kannst du zunächst einmal über Blickkontakt einiges herausfinden. Bist du ihr überhaupt schon aufgefallen? Sieht sie zu dir her? Gibt es da auch einmal verstohlene Blicke? Lächelt sie vielleicht sogar zurück?

Oft übernehmen auch Mädchen die Initiative und sprechen Jungen an; verlassen solltest du dich allerdings nicht darauf. Vielleicht ist sie ja ein bisschen schüchtern, vielleicht ist sie der Meinung, dass Jungs den ersten Schritt tun sollten, vielleicht ist sie auch

HALLO, ICH, ÄHM BIN CLAU... ...

nicht so sehr interessiert wie du – wer weiß das schon? Irgendwann merkst du, wer die Initiative ergreifen muss: Sollte das Los auf dich fallen, Ärmel hochkrempeln, allen Mut zusammennehmen und los!

Was kann im schlimmsten Fall passieren? Das Mädchen sagt »nein«, du kannst nicht bei ihr landen. Das ist zwar wirklich alles andere als angenehm, verletzt die eigene Eitelkeit, tut weh und macht natürlich auch erst einmal traurig, schließlich bist du ja in das Mädchen verknallt – und nun wird nichts draus.

Man kann dem Ganzen aber auch positive Seiten abgewinnen: Du hast es versucht und dich nicht gedrückt. Jetzt weißt du zumindest, was Sache ist. Du musst dir nichts mehr vormachen und zusammenträumen, du kannst dich neu orientieren.

Übrigens findet es fast jeder Mensch im Grunde genommen herrlich, wenn ein anderer ihn toll findet, auch wenn er an einer näheren Beziehung nicht interessiert ist. Also überwinde deine Nervosität und geh auf das Mädchen zu. Dabei solltest du natürlich einen geeigneten Augenblick erwischen, um sie anzusprechen. Du musst ja nicht gleich mit der Tür ins Haus fallen und ihr eine Liebeserklärung machen – das wäre ja auch völlig unsinnig, schließlich kennt sie dich kaum oder noch gar nicht. Coole Sprüche funktionieren übrigens auch nur bei manchen Mädchen. Es ist immer hilfreich, ein Gespräch zu beginnen, das die jeweilige Situation betrifft, in der ihr euch gerade befindet. Also beim Skaten am Straßenrand »Du hast ja 'nen ganz schönen Zahn drauf, Lust auf ein Wettrennen?« oder in der U-Bahn: »Bin ich froh, wenn es endlich Frühling wird und ich mein Rad auspacken kann. Nervig, oder, diese Menschenmengen?« etc. Solche Gespräche klingen zwar zunächst banal, dienen aber als Eisbrecher. Du kannst auf diesem Weg feststellen, ob das Mädchen überhaupt auf dich eingeht oder sofort abblockt. Und warum solltest du nicht

einfach »Hallo« sagen, dich vorstellen und ihr erzählen, dass du sie interessant findest, sie gerne näher kennenlernen möchtest?

Wie wäre es mit einer Einladung ins Kino, ins Café, zum Pizza-essen – Möglichkeiten gibt es ja genug. Trau dich also, schlage etwas vor, zeige ihr, dass sie dir gefällt, aber schlüpfe dabei nicht in irgendeine Rolle, sondern sei ganz einfach du selber, offen und ehrlich.

Solltest du Glück haben und sie interessiert sich tatsächlich für dich, dann lass dir für eure Treffen auch mal etwas einfallen – immer nur spazieren gehen oder in den Club wird auf die Dauer langweilig. Vielleicht treibt ihr denselben Sport, mögt die gleiche Musik, steht auf dieselben Bücher oder Filme: Finde es heraus, aber lass dir – und vor allem auch ihr – ein bisschen Zeit.

Wenn ihr einander besser kennt und eine gewisse Vertrautheit entstanden ist, solltest du ihr ruhig zeigen, was du für sie empfindest.

**TIPP**

Möglicherweise gelingt es dir leichter, das Mädchen zunächst über SchülerVZ, Facebook, Lokalisten und Co. anzusprechen bzw. anzuschreiben!

### Woran merke ich, dass ich verliebt bin?

Frag einen guten Freund oder eine Freundin, frag deine Eltern, frag irgendwen, was für ihn Verliebtsein ist. Jeder wird dir etwas anderes sagen. Jeder Mensch fühlt etwas anderes, wenn er verliebt ist. Verliebt zu sein ist ein wunderbares und eigenartiges Gefühl.

Man hat Flugzeuge im Bauch, weiche Knie, feuchte Hände. Man wird schneller rot und hat nur einen Wunsch: dem geliebten Menschen nahe zu sein. Das merkst übrigens nicht nur du allein. Deine Mitwelt sieht es auch und macht sich manchmal ein bisschen lustig drüber. Lass sie witzeln! Reiner Neid …

Das Gefühl des Verliebtseins überfällt dich schlagartig und du hast keine große Chance, ihm zu entgehen. Dieses Gefühl kann etwas ganz Tolles sein. Aber es kann sich auch in Traurigkeit verwandeln, zum Beispiel, wenn deine Verliebtheit einseitig bleibt und nicht auf Gegenliebe stößt. Denn du willst ja nicht nur etwas schenken, sondern auch etwas dafür kriegen: Du möchtest, dass deine Liebe erwidert wird.

So richtig in ein Mädchen verliebt zu sein, das ist etwas völlig anderes, als etwa die Eltern, Geschwister, sein Hobby oder sein Haustier zu lieben. Das alles ist zwar auch eine Art Liebe. Aber jetzt kommt ein völlig neuer Gesichtspunkt dazu: die Sexualität. Das heißt: Du möchtest deiner Freundin ganz nah sein, sie ansehen, sie berühren, sie riechen, sie küssen.

Tja, und wenn du Gefühle und Wünsche wie diese hast, dann kannst du durchaus sagen: Du bist verliebt. Oder mindestens verknallt – was schon eine ziemlich heftige Vorstufe ist.

### Gibt es Liebe auf den ersten Blick?

Ja. Es gibt tatsächlich »magische Momente«, in denen sich die Blicke zweier Menschen kreuzen und die beiden sich im Wortsinn augen-blicklich ineinander verlieben. Aber das ist eher die Ausnahme. Vielleicht sollte man »verlieben« auch besser durch »verknallen« ersetzen, denn meist handelt es sich bei dieser »Liebe auf den ersten Blick« eher um eine Art sehr starker, wechselseiti-

ger Anziehungskraft. Das kann von großer Sympathie bis hin zu einer starken sexuellen Anziehung reichen.

In seinem Song »Chemical reaction« (Chemische Reaktion) beschreibt der Popstar Sasha einen solchen Moment. Im Gehirn – manche sagen auch in der Magengrube oder im Herzen – findet ebendiese chemische Reaktion statt und der Betreffende ist sich auf einmal ganz sicher: die oder keine! Aber dieses Gefühl muss nicht unbedingt lange vorhalten, denn optische Anziehung alleine reicht für den Aufbau einer Beziehung nicht aus. Schon der »zweite Blick« könnte eine gewisse Ernüchterung bringen, denn vielleicht gefällt dir an dieser vermeintlichen »Traumfrau« das eine oder andere Detail gar nicht so recht.

Trotzdem: Es gibt sicherlich Fälle, in denen die »Liebe auf den ersten Blick« ihr spontanes Versprechen eingelöst und zu einer richtigen Beziehung geführt hat.

## Gibt es einen Unterschied zwischen Verliebtsein und Liebe?

Aber ja, und zwar einen ganz gewaltigen! Verliebtsein bedeutet eigentlich nichts anderes, als dass man im jeweiligen Mädchen die ideale Partnerin zu erkennen glaubt. Sie ist wunderhübsch, zärtlich, nett und lustig – du bist über beide Ohren in sie verliebt. Aber wenn dieser erste Rausch verflogen ist und du sie besser kennengelernt hast, muss sich dieses Gefühl auch im Alltag »bewähren«, bevor du es Liebe nennen kannst. Im Klartext: Nicht jeder Tag in einer Beziehung ist so romantisch wie die Momente in der Zeit des Kennenlernens. Bei diesen ersten Begegnungen gebt ihr euch furchtbare Mühe, einander zu gefallen. Du versuchst womöglich, ihr zu imponieren, und sie glaubt dir fast alles, was du erzählst. Sie himmelt dich kritiklos an. Klar, dass auf diese Weise nicht viel schiefgehen kann.

Doch was passiert, wenn dir der Erzählstoff ausgeht? Wenn sie merkt, dass du kein Held bist, sondern ein ganz normaler Typ mit Macken und Fehlern? Und wenn du umgekehrt entdeckst, dass dieses hinreißend schöne Mädchen in ihrer Stimmung schwankt wie eine Achterbahn, dass sie manchmal ziemlich kratzbürstig sein kann, dich permanent erziehen will und auf kaum einen deiner Vorschläge eingeht? Wenn du plötzlich negative Wesenszüge an ihr entdeckst, die dir anfangs gar nicht aufgefallen sind?

Wenn ihr euch mal richtig tief verletzt und gestritten habt und dann das Gefühl füreinander immer noch so stark ist, wenn ihr euch trotzdem ungeheuer auf jeden gemeinsamen Moment freut und weiterhin so viel wie möglich füreinander tun möchtet, wenn ihr einander nach einem Streit immer wieder in die Arme nehmen könnt – erst dann kannst du ziemlich sicher sagen: Das ist Liebe. Und das muss dein Ziel sein. Es gibt nämlich Typen, die immer nur verliebt sein wollen und sich vor der »Arbeit an der Beziehung« fürchten. Das sind die Leute, die genau so lange zusammenbleiben, solange sie auf Wolke sieben schweben. Sie hauen ab, wenn es losgehen müsste mit der Arbeit an der schönsten Sache der Welt. Sie erleben vielleicht ein bisschen Sex und eine oberflächliche Faszination am anderen Geschlecht, aber sie verpassen das richtige Leben.

## Wie sammelt man die sexuellen Erfahrungen, von denen alle sprechen?

Sexuelle Erfahrungen sammelst du nicht nur, indem du Sex hast, sondern ebenso, indem du gut zuhörst, die Welt um dich herum

beobachtest und tolle Geschichten liest. Auch das Wissen um Sexualität ist eine Erfahrung. Jeder kann dann für sich entscheiden, ob das, was der andere vermeintlich erlebt hat, in den eigenen Horizont passt. Erfahrungen sexueller Art sammelt man sein Leben lang. Was du aber bedenken solltest: Jungen tun gegenüber Mädchen gerne so, als ob sie tolle Hechte seien. Meist sind diese Geschichten aber nur Wunschträume. Man möchte ja vor seinen Kumpels nicht als Versager oder Anfänger dastehen.

Meist sind diejenigen, die mit »sexuellen Erfahrungen« prahlen, keine erstrebenswerten, verlässlichen Partner. Die »stillen Wasser« aber, die nicht jeden zweiten Tag von Sex sprechen, erweisen sich oft als angenehme und interessante Zeitgenossen, die Liebe nicht nur als rein körperliche Angelegenheit betrachten.

Sexuelle Erfahrungen machst du, wenn die Zeit dafür gekommen ist. Das klingt zwar etwas altmodisch, aber es ist so. Sie mit Gewalt zu suchen, das ist, wie nach der Zigarette zu greifen, weil es alle tun.

Vielleicht ist es in deiner Clique angesagt, mit sexuellen Erfahrungen anzugeben. Es gibt sicher Gruppen, in denen das der Fall ist, aber auch reichlich andere, in denen das Thema Sex nur am Rande zur Sprache kommt. Wie immer es auch ist, nimm dir Zeit. Du hast das Schönste noch vor dir!

### Kann man Liebe lernen, wie man Englisch lernt?

Englisch ist eigentlich keine besonders schwere Sprache. Aber das Vokabelnlernen kann manchmal ziemlich mühsam sein, und genauso verhält es sich mit der Liebe. Man kann durchaus lernen zu lieben, vorausgesetzt, man ist bereit, an sich zu arbeiten – und dazu gehört, auch Kompromisse einzugehen.

Liebe bedeutet ein wechselseitiges Geben und Nehmen. Du solltest also lernen, deine eigenen Interessen nicht immer in den Vordergrund zu stellen, und gleichzeitig musst du einschätzen, wie wichtig deiner Partnerin manche Dinge, Gespräche und Personen sind. Willst du eine dauerhafte Beziehung, solltest du versuchen, ihre Bedürfnisse zu erforschen. Das gilt für den seelischen wie auch für den körperlichen Bereich. Du tastest dich behutsam vor, lernst ihre Grenzen kennen und versuchst, ihre Ängste zu verstehen. Auch Dinge, die dir vielleicht unangenehm sind oder unwichtig erscheinen, können für sie von größter Wichtigkeit sein. Liebe lernst du also, indem du auf deine Freundin eingehst und sie genauso wichtig nimmst wie dich selbst. Wenn sie es ebenso macht, dann seid ihr auf jeden Fall auf dem richtigen Weg.

Noch etwas zum Thema »Lieben lernen«: Das tut auch weh. Denn der Mensch, der dich liebt, sagt dir die Wahrheit über dich, gerade, weil er dich liebt. Wirkliche Liebe ist kein nettes Nebeneinander von zwei »Schauspielern«, die sich ewig etwas vormachen, sondern ein radikal offenes Miteinander von zwei Menschen, die gemeinsam wachsen möchten. Wenn euch das, was ihr »Liebe« nennt, nach vorne bringt, eure Gaben und Talente entfalten lässt, wenn ihr daran reif und stark werdet, dann klingt es nach echter Liebe. Wenn einer von euch in eurer Beziehung klein und mickrig, ängstlich und unfrei wird, dann kann man wahrscheinlich nicht von Liebe sprechen.

## Ich bin Langzeit-Single – was tun?

Ich kann mir gut vorstellen, dass du dich danach sehnst, dich in ein Mädchen zu verlieben und auch eine Freundin zu haben. Viele Jugendliche finden sich nicht attraktiv genug für das andere

Geschlecht. In der Pubertät schwankt die Meinung über sich selbst mehr als in jeder anderen Lebensphase. Mal kann man sich gut leiden und mal überhaupt nicht. Es ist vielleicht schwierig für dich, dir vorzustellen, dass sich ein Mädchen für dich interessiert oder dich mag, wenn du dich selbst gerade nicht gut und beispielsweise »zu unsportlich« oder »zu langweilig« findest. Und dann auch noch den Mut zu haben, jemanden anzusprechen? Das ist nicht einfach. Was magst du an dir, was findest du an dir selbst liebenswert, interessant und cool? Sicher wirst du einiges finden. Wenn du dich selbst schätzen kannst und merkst, dass du eigentlich ein ganz netter Kerl bist, dann wird es dir auch leichter fallen, auf ein Mädchen zuzugehen, das dir gefällt.

Andererseits ist Schüchternheit – nicht nur in deinem Alter – nichts Außergewöhnliches. Manche Mädchen finden sogar schüchterne Jungen ausgesprochen anziehend und viel attraktiver als die Typen, die sich Tag und Nacht selbst auf die Schulter klopfen. Und es gibt mindestens so viele schüchterne Mädchen, wie es zurückhaltende Jungen gibt. Manchmal ist »sie« in der gleichen Lage wie du: Sie ist einfach nur zu schüchtern, um zu zeigen, dass sie dich mag, und sie wäre froh über deinen ersten Schritt.

Das Mädchen braucht Zeit und Vertrautheit mit dir. Und genau das brauchst du vielleicht auch; man muss mit dir reden können, etwas mit dir unternehmen, damit deine verborgenen Qualitäten zum Vorschein kommen. Und noch etwas: Wenn ein Mädchen nichts von dir wissen will, kann das Gründe haben, die mit dir gar nichts zu tun haben müssen.

**TIPP**

*Vielleicht hilft es dir besonders in den Zeiten, in denen du unbedingt eine Freundin haben möchtest, dich mehr auf andere Dinge zu konzentrieren: Hobbys, Sport, Musik etc. Je lockerer du an die Sache rangehst, desto eher wirst du Erfolg haben.*

### Kann denn Liebe Sünde sein?

Nein, Liebe ist die schönste Sache der Welt; sie ist wie ein wunderbares Kunstwerk, das jeder Mensch aus seinem Leben machen kann, wenn er das Beste aus sich herausholt. Aber weil die Liebe so schön ist, ist sie so gefährdet. Bei nichts – das wirst du möglicherweise auch erfahren – wird so viel gemogelt und getrickst wie bei der Liebe. Liebe heißt: »Ich habe dich kennengelernt und möchte mich mit allem, was ich habe, dir zum Geschenk machen, zu einem Geschenk ohne Wenn und Aber. Kannst du dieses Geschenk annehmen? Liebst du mich auch?« Liebe heißt nicht: »Lass uns mal vorübergehend voneinander profitieren!« Denn dann ginge es nur um den Körper des anderen, sein Geld, seine Fähigkeiten, seine Beziehungen. Und »Sex«? Ist denn Sex Sünde? Das meinen doch viele Leute. Auch hier muss man ganz einfach sagen: Nein. Sex ist an sich weder gut noch böse. Sex ist Sex. Ein Messer ist weder gut noch böse und wird selbst dann nicht zu einem »bösen Messer«, wenn man es statt zum Kartoffelschälen für einen Mord benutzt (wozu es nicht gedacht ist). Sex ist dafür gemacht, dass zwei freie Menschen aus Liebe ihre tiefstmögliche

Verbundenheit zum Ausdruck bringen (»Ich schenke mich dir; du schenkst dich mir!«). Wenn das gegeben ist, ist Sex das Gegenteil von Sünde: eine heilige Sache. Wenn jemand Sex anders einsetzt (indem er ihn beispielsweise zu einer Ware macht, seinen Körper verkauft oder den Körper eines anderen Menschen kauft), ist Sex immer noch bloß Sex, aber derjenige, der so mit ihm umgeht, handelt schlecht oder (wie es bei Christen heißt): Er begeht eine Sünde.

Als deine Eltern und Großeltern in deinem Alter waren, konnten sie in den meisten Fällen ihre Sexualität noch nicht so frei entdecken wie ihr. Vor allem die Selbstbefriedigung, die fast jeder Junge und jedes Mädchen als wichtige Phase der eigenen Sexualität erlebt, wurde in früheren Zeiten als schlimme Sünde angesehen.

Da haben sich glücklicherweise die Vorstellungen gewandelt. Sünde ist das, was anderen und dir selbst schadet. In Hinsicht auf die Selbstbefriedigung heißt das: Wenn sie dir hilft, dich selbst zu entdecken und reif für eine liebevolle Partnerschaft zu werden, ist sie okay und gut.

# KAPITEL 5

Jetzt geht's los:
Miteinander gehen

## Was heißt das überhaupt: miteinander gehen?

»Miteinander gehen« ist mehr als eine oberflächliche Freundschaft. Oft heißt es auch: »Die zwei sind zusammen«, was das Ganze eigentlich besser umschreibt. Man ist ineinander verliebt, fühlt sich zusammengehörig, tauscht Zärtlichkeiten aus, unternimmt vieles gemeinsam, kann und will miteinander über alles reden. Man sieht sich ganz einfach als Paar und tritt auch so auf.

Wie viel körperliche Nähe eine solche Partnerschaft beinhaltet, ist einzig und allein Sache des jeweiligen Pärchens und sicherlich auch eine Frage des Alters und der Entwicklung. Wenn du und deine Freundin »miteinander gehen«, heißt das also noch lange nicht, dass ihr auch schon miteinander schlaft. Gerade wenn ihr noch jünger seid, wollt ihr das vielleicht noch gar nicht und fühlt euch auch nicht reif dafür. So oder so wirst du von ihr natürlich erwarten, dass sie zu dir und der Beziehung insgesamt steht, dass sie treu und für dich da ist, dass du dich auf sie verlassen und ihr vertrauen kannst. Entscheidend ist dabei logischerweise, dass du für das, was du von ihr erwartest, auch selber stehst.

## Wie finde ich heraus, ob es meine Freundin ehrlich mit mir meint?

Die direkte Frage, was deiner Freundin eure Beziehung bedeutet, kann, wenn ihr offen miteinander sprecht, viele Unklarheiten beseitigen. Über eure Freundschaft kannst du aber auch mithilfe der unten stehenden Checkliste nachdenken, wobei manche Fragen (etwa die Fragen zum Thema Sexualität) eine bereits »gewachsene« Partnerschaft betreffen. Aber wir sollten unseren Partnern auch Fehler einräumen. Überleg mal, wie du umgekehrt wegkommen würdest. Vielleicht geht ihr die folgenden Fragen gemeinsam durch? Dann klären sich dabei vielleicht bestehende Missverständnisse und unterschiedliche Standpunkte.

**Unternehmt ihr viel gemeinsam?**
Habt ihr gemeinsame Interessen und Hobbys?

**Erzählt dir deine Freundin von sich selbst?**
Legt sie vor dir ihre Fassade ab? Spricht sie von ihren Gefühlen, Plänen, ihrer Lebensgeschichte, ihrer Familie? Hört sie dir zu? Bist du an ihren Plänen und Vorhaben beteiligt?

**Kennst du ihre Freunde?**
Wie behandelt sie dich in Gegenwart anderer? Wie spricht sie von dir?

### Ist sie einfühlsam, lieb, behutsam, zart?

Macht sie sich Sorgen um dich? Wie verhält sie sich, wenn du krank, traurig, schlecht drauf bist? Kann sie dir Freude gönnen? Ist sie eifersüchtig, wenn du etwas gut machst? Ist sie geduldig?

### Kannst du dich auf sie verlassen?

Ist sie pünktlich? Hält sie ihr Wort? Kann sie dir verzeihen, wenn du sie enttäuscht hast? Kann sie Fehler vergessen? Zählt sie auf deine Hilfe?

### Achtet sie deine Gefühle?

Ist sie stolz auf dich? Nimmt sie dich ernst? Wie spricht sie mit dir? Lacht sie dich aus? Gibt sie sich Mühe, dich in deinen Wünschen und Erwartungen zu verstehen?

### Wirbt sie um dich?

Erfreut sie dich manchmal mit kleinen Geschenken? Weiß sie, wann du Geburtstag hast?

### Besitzt sie Selbstachtung?

Handelt sie verantwortlich sich selbst und dir gegenüber? Hat sie dir gegenüber eine eigene Meinung? Was lässt sie sich von dir gefallen? Kann sie auch über sich selbst lachen?

### Wie steht sie zur Sexualität?

Achtet sie auf deine Wünsche, deine Bedürfnisse? Äußert sie ihre eigenen Erwartungen? Achtet sie deinen Körper? Geht sie auf deine Gefühle ein?

## Was soll man in einer Beziehung beachten?

Je jünger zwei Partner sind, umso mehr haben sie ein Recht darauf festzustellen, was ihnen zu zweit Spaß macht und was sie nervt. Hier ein paar Gedanken, die dir und deiner Freundin das Zusammenkommen und das Zusammensein erleichtern können:

Wenn Menschen einander als gleichwertig anerkennen, wenn sie einander vertrauen und aufeinander bauen, dann kann man sagen, sie sind Partner. Klar: Die Partnerschaft zweier Jugendlicher sieht anders aus als etwa die von einem Ehepaar mit Kindern. Die Ehe gilt nach wie vor als höchste Form der Partnerschaft. Sie ist ein Bund, den Menschen im Prinzip für immer miteinander schließen und in dem sie ohne Bedingungen versprechen, stets füreinander da zu sein. Jedenfalls nehmen sie sich das vor.

Doch auch eine Partnerschaft zwischen jungen Menschen ist wertvoll und einmalig, selbst wenn sie vielleicht nicht »für immer« hält. Denn so wie es jeden von uns nur einmal gibt, ist auch jedes Paar einzigartig und hat auch jede Partnerschaft ihre eigenen Gesetze. Aber genau das ist das Spannende an einer Beziehung.

Die aber funktioniert letztlich nur, wenn beide Teile sich darum bemühen. Auf der Grundlage von Treue, Gesprächen, Verzeihen, Geduld und Respekt kann Partnerschaft beiden eine Menge schenken: etwa Freude, Geborgenheit, Liebe und Wärme. Andererseits muss aber auch jeder Partner ein wenig von sich »opfern«, zum Beispiel Zeit, Gefühle, guten Willen oder Vertrauen. Eine Beziehung, in der Höhen und Tiefen ausgeklammert werden, bleibt im wahrsten Sinn des Wortes flach. Wer sich auf einen anderen Menschen einlässt, lässt sich damit immer auch auf Abenteuer ein. Mit geruhsamem und ausgeglichenem Mittelmaß lässt sich Liebe kaum am Leben halten.

Versuche, so oft und so gut es geht, mit deiner Freundin zu reden. Dafür braucht ihr Zeit und Ruhe. Echte Probleme bespricht man zu zweit an einem ruhigen Ort – also nicht in der Clique oder im Club. Miteinander reden heißt auch, gut zuhören und den anderen ausreden lassen. Versuche, die Gefühle, Wünsche und Erwartungen des anderen nachzuvollziehen – vor allem, wenn du selbst anders denkst und fühlst.

Sag ihr, was du denkst. Deine Freundin ist keine Hellseherin, die deine Gefühle erraten kann. Es liegt an jedem selbst, wie weit er sich öffnet. Das ist eine Sache des Vertrauens. Aber ohne dieses Vertrauen klappt das Ganze nicht.

Zum Zusammensein gehören viele liebe Worte, zärtliche Gesten, kleine Zeichen. Hör nicht auf, deiner Freundin zu sagen, wie sehr du sie magst (aber mach auch keine Show daraus!). Den anderen ernst zu nehmen bedeutet: Er soll auch in der Partnerschaft seine Eigenart behalten und pflegen. Sonst wird die Zweisamkeit bald zum Gefängnis. Wer keine eigenen Hobbys, Freunde, Wünsche und Ideen mehr hat, wird bald für den anderen langweilig.

Friss nicht stillschweigend jeden Ärger in dich hinein! Es ist völlig okay, mal schlecht drauf zu sein. Aber das solltest du auch offen zugeben. Und auch wenn es dir gut geht, solltest du das zeigen. Denn was gibt es Schöneres, als Freud und Leid miteinander zu teilen?

Erwarte nicht, dass sie immer nach deiner Pfeife tanzt. Es ist zwar wichtig, seine Wünsche zu äußern, aber ein Wunsch ist kein Befehl! Eingeschnappt zu sein, nur weil der andere nicht sofort darauf einsteigt, ist blöd. Übrigens: Auf den anderen zuzugehen und sich zu entschuldigen, wenn's mal Zoff gegeben hat, ist kein Zeichen von Schwäche, sondern von Stärke.

**TIPP**

*Auch Streiten will gelernt sein: Sei ehrlich und offen! Bleib fair und werde nicht verletzend, auch wenn du dich sehr ärgerst. Versuch, deine Freundin ernst zu nehmen und aussprechen zu lassen. Denk dich auch mal in ihre Situation rein, dann verstehst du ihre Argumente eher. Lass dir aber im Gegenzug auch nicht alles bieten, zeig auch ihr deine Grenzen!*

## Warum wechselt meine Freundin so häufig die Stimmung?

Ganz simpel gesagt: Weil sie in der gleichen Situation ist wie du. Sie erlebt wie du alle Höhen und Tiefen der Pubertät. Ihre Hormone spielen genauso verrückt wie deine. Sie ist sich ihrer Gefühle genauso unsicher wie du. Zeig ihr, dass du sie verstehst. Sag ihr, dass es dir oft nicht viel anders geht. Lass ihr Luft zum Atmen. Ersticke sie nicht mit zu viel Nähe, mit Eifersucht, mit Misstrauen. Respektiere sie und schenke ihr Zärtlichkeit, Vertrauen und Aufmerksamkeit. Wenn sie dich genau so sehr liebt wie du sie, dann kriegt ihr das schon hin.

## Hat meine Freundin ein Recht, mich zu erziehen – und umgekehrt?

Die Antwort lautet grundsätzlich erst einmal: nein. Deine Freundin ist ja schließlich nicht deine Mutter, Kindergartentante oder Trainerin für gutes Benehmen, genau wie du nicht ihr Guru,

Lehrer, Vater oder Bewährungshelfer bist. Aber in dieser Frage klarzusehen, ist ganz wichtig. Spätestens nach einer Woche erkennt man nämlich an der Freundin: »Sie ist die tollste Frau der Welt, bis auf …«. Na ja, und dann kommt eine Latte von Eigenheiten, von denen du glaubst, dass man sie auf der Stelle abschaffen, geradebiegen oder umbauen müsste. Und nicht selten passiert es dann, dass es nach weiteren vier Wochen heißt: »Sie wäre ja die tollste Frau der Welt, wenn sie …« – nicht so viel simsen, endlich mal ein Buch lesen, ein anderes Deo benutzen, die Haare wachsen lassen, mehr Sport machen würde und so weiter. Ihr geht es mit dir übrigens genauso.

Es wäre ein Riesenfehler, die Persönlichkeit des Partners nach den eigenen Vorstellungen verändern zu wollen. Aus einem eher zurückhaltenden Jungen wird auch durch noch so viel Zureden kaum ein supercooler Partylöwe werden, und eine weibliche Sportskanone, die viel Aktivität und Bewegung braucht und genießt, wird sich nicht zur handarbeitenden Stubenhockerin »umfunktionieren« lassen. Das hieße ja, die eigene Persönlichkeit und damit auch sich selbst zu verleugnen oder gar aufzugeben.

Ebenso unsinnig und unfair dem Partner gegenüber ist es, sich den Freund oder die Freundin als Traummann oder Traumfrau »basteln« zu wollen. Erstens funktioniert das sowieso nicht, und zweitens käme ein solches »Traumwesen« ja doch nur einem Abziehbild der eigenen Wünsche und Vorstellungen gleich. Eure Beziehung aber soll doch eine Partnerschaft sein, in der ihr euch gegenseitig grundsätzlich erst einmal so akzeptiert, wie ihr seid.

Etwas anderes ist es, wenn ihr bestimmte Eigenheiten des Partners als unangenehm oder störend empfindet. Darüber sollte man unbedingt miteinander reden. Vielleicht hat der andere Dinge, die einen an ihm stören, selbst noch gar nicht bemerkt? Voraussetzung für solche »Verbesserungsvorschläge« und Denkanstöße sind ge-

genseitiges Vertrauen, Respekt und Achtung voreinander. Kritik sollte nicht aus heiterem Himmel kommen und immer so formuliert werden, dass der andere sie akzeptieren und damit umgehen kann, also nicht als Anklage und nicht von oben herab.

Wenn deine Freundin dir auf nette Art und Weise Tipps gibt, wie du etwas verbessern könntest, dann hat das weniger mit Erziehung als mit Beratung zu tun: Du hast schließlich etwas davon, kannst dazulernen, Fehler abstellen und möglicherweise unbewusste Schrullen ablegen. Natürlich macht dabei auch der Ton die Musik. Wenn du deine Freundin zum Beispiel plötzlich wegen etwas, das dir ein Dorn im Auge ist, vor versammelter Mannschaft anblaffst, ärgert sie sich mit Sicherheit zunächst einmal nur und blockt deine Kritik ab. Wer lässt sich schon gerne öffentlich bloßstellen? Also, wenn es etwas gibt, das besprochen werden muss, dann tut es unter vier Augen und sachlich, ohne den Partner zu verletzen.

## Wie viel Streit verträgt die Liebe?

Liebe und Streit – das ist eine hochexplosive Mischung. Wenn man es ganz genau nimmt, dann verträgt die Liebe einerseits überhaupt keinen und andererseits jeden Streit. Kommt darauf an, wie man die Worte »Liebe« und »Streit« definiert.

Es gibt Paare, die schon seit Jahren zusammen sind und beinahe täglich streiten. Vor Dritten finden sie für ihren jeweiligen Partner nur lobende Worte, beschreiben ihn in den höchsten Tönen und geben eindeutig zu verstehen, dass sie froh sind, ihn oder sie zu haben. Und kaum sind beide zu Hause, fliegen wieder einmal die Fetzen. Ist das logisch? Oder sogar richtig? Eigentlich nicht, aber Liebe hält sich nicht an allgemein gültige Regeln.

103

Eins der Geheimnisse der Liebe ist es, den Streit, den einer der beiden Partner vom Zaun bricht, richtig zu interpretieren. Die nächstliegende Deutung ist: Der/die ist boshaft, zänkisch, aggressiv! Eine tiefere und oft richtigere Deutung ist: Einer der Partner sucht Streit, weil er unbedingt eine intensive Beziehung sucht und es nicht ertragen kann, als Paar bloß nebeneinanderher zu leben. Dann ist der ausgelöste Streit in Wahrheit ein ungewöhnliches Mittel, um die Harmonie wiederherzustellen. So kompliziert kann es sein! Wenn das Paar nach einer Weile wieder gemeinsam lachen kann, wenn es sich irgendwann in die Arme nimmt und sich liebe Worte ins Ohr flüstert – dann war dieser Streit vielleicht nur ein Ausdruck von Temperament oder Frustbewältigung im Alltag. Möglicherweise braucht dieses Paar die täglichen Streitereien, weil es nicht besonders harmoniebedürftig ist, sondern sich gerne und so oft wie möglich am Partner »reibt«.

Wenn Streit aber regelmäßig in Sprachlosigkeit, Trauer und Zorn endet, dann läuft sicher etwas gewaltig schief. Wenn diese Streitigkeiten sich stets an Winzigkeiten entzünden und kein Ende nehmen, wenn man dem oder der anderen noch lange danach böse ist und das Einlenken unheimlich schwerfällt – dann sollte die Beziehung dringend überprüft werden. Seid ihr vielleicht nur noch aus Gewohnheit zusammen? Aus Bequemlichkeit? Oder weil ihr gemeinsame Verpflichtungen habt? In diesem Fall kann man eigentlich schon nicht mehr von Liebe sprechen. Dann ist schon viel Porzellan zerschlagen worden; dann ist eine Rückkehr in die ersten Tage und Wochen der Romantik schwierig.

Kurz und gut: Wahre Liebe sollte einen handfesten Krach durchaus aushalten, ihn manchmal sogar suchen. Dauerhafter Streit um Nichtigkeiten und mangelnde Versöhnungsbereitschaft sind jedoch sichere Anzeichen dafür, dass die Liebe in der Krise steckt. Dann wird es Zeit zu ergründen, woran es liegt.

## Wie viel Selbstverwirklichung verträgt die Liebe?

Liebe beruht unter anderem auf gegenseitiger Wertschätzung, auf Achtung und Respekt vor der Persönlichkeit des anderen. Damit ist schon einiges an Grundsätzlichem gesagt, wenn es um die Selbstverwirklichung innerhalb einer Partnerschaft geht. Solange du alleine bist, kannst du dich logischerweise verwirklichen, wie, wo und wann immer du willst. Innerhalb einer Beziehung sieht das schon anders aus, denn da müssen wir unsere Grenzen etwas enger stecken und spätestens dort, wo die berechtigten Interessen des anderen beginnen, sollten wir vorsichtig und sorgsam sein. Das heißt, du musst für dich selber bestimmte Grenzen ziehen, aber auch die des anderen akzeptieren und respektieren.

Ein Beispiel: Du bist mit einem Mädchen zusammen, das von dir erwartet, dass du den Kontakt zu deinem alten Freundeskreis extrem einschränkst oder sogar abbrichst. Sie findet deine alten Kumpels nämlich allesamt doof und uninteressant und möchte, dass ihr eure Zeit nur noch auf dem Tennisplatz und mit ihren Bekannten aus dem Club verbringt, weil dieser Sport nun mal ihre ganz große Leidenschaft ist. Ob dir das passt oder nicht, ist ihr egal. Sie meint, du müsstest dich schon entscheiden, und zwar klipp und klar für oder gegen sie.

Wenn du dich darauf einlässt, dann hast du ein Problem. Du bist dann wahrscheinlich nicht nur irgendwann tatsächlich deine Freunde los, du hast auch akzeptiert, dass jemand anderer völlig über dein Leben bestimmt. Es kann aber doch nicht Sinn einer Partnerschaft sein, die eigenen Interessen und Ansprüche komplett über die des Partners zu stellen. Was spricht denn dagegen, dass jeder seinen eigenen Freundeskreis behält und den des Partners als Bereicherung empfindet? Rein gar nichts, im Gegenteil! Wenn ihr weitgehend dieselben Interessen, Hobbys und auch

Ziele im Leben habt, dann könnt ihr schon mal vieles gemeinsam unternehmen und anpacken, ohne dass einer von beiden ausschließlich seinen Willen durchzusetzen versucht. In einer wirklichen Partnerschaft muss man die eigenen Wünsche auch einmal hintanstellen können, man muss Kompromisse suchen und auch eingehen. Ihr seid zu zweit, das heißt, ihr bildet ein kleines Team, und da kann eben nur Teamwork – also ein Miteinander – gelebt werden.

> **TIPP**
>
> Meist funktioniert es ganz gut, wenn ihr einfach ein/zwei Tage unter der Woche vereinbart, wo jeder von euch seinen eigenen Interessen nachgehen kann und ihr euch nicht seht. Ihr könnt auch abwechselnd mal mit der einen, mal mit der anderen Clique weggehen. So kommt jeder zu seinem Recht.

## Wie soll ich mit meinen Lustgefühlen ihr gegenüber umgehen?

Es ist normal, dass du eine Fülle von erotischen Träumen und Erwartungen hast. Und was du alles gelesen oder vielleicht in Filmen oder im Internet gesehen hast! Du möchtest das unbedingt mit einem Mädchen ausprobieren. Aber ein Mädchen ist kein Testgerät für deine Fantasien. Sie würde wahrscheinlich darüber erschrecken und es abstoßend finden, wenn du einfach über sie herfallen würdest. Mädchen haben ebenso Lustempfindungen

und erotische Erwartungen wie du auch, wenn auch etwas andere (das wirst du noch entdecken). Lass dir also Zeit. Setze dich selbst und vor allem deine Freundin nicht unter Druck. Ihr braucht Nähe und Vertrautheit, um auch von euren erotischen Gefühlen, Träumen und Erwartungen sprechen zu können.

Achte einfach darauf, welche Berührungen, Zärtlichkeiten oder auch Äußerungen gut für euch und welche nicht »stimmig« sind, weil sie durch Druck oder Zwang zustande kommen. Es ist niemals gut, aus falscher Angst (etwa der Angst, sich zu blamieren und nicht als richtiger Mann dazustehen) zu schweigen und sich nicht auszusprechen: Sagt einander also, welche Art von Berührungen ihr schön findet und was ihr (jetzt) lieber nicht möchtet.

## Wann bin ich reif für »das erste Mal«?

Das »erste Mal« miteinander zu schlafen, wird ganz unterschiedlich erlebt. Das hat viel damit zu tun, welche Erfahrungen du bisher mit Liebe und Sexualität gemacht hast, mit den Gründen für das »erste Mal«, mit der Art der Beziehung und sehr oft auch mit der Situation, die das Miteinander-Schlafen möglich macht.

Die einen wollen das erste Mal nur mit einem Menschen erleben, den sie wirklich lieben und mit dem sie auf Dauer zusammenleben wollen. Für andere spielen Motive wie Neugier oder Selbstbestätigung eine Rolle. In jedem Fall ist es relativ normal, beim »ersten Mal« unsicher zu sein. Manche Jugendliche schlafen nicht aus »gewachsener Liebe« das »erste Mal« miteinander, sondern lassen Zufall oder die Gelegenheit Regie führen. Andere hingegen nehmen sich Zeit und planen dieses große Erlebnis ganz genau. Wichtig ist, den Zeitpunkt für das »erste Mal« ver-

antwortlich selbst zu bestimmen und nur das zu tun, was man wirklich will.

Durch andere Lebensgewohnheiten entwickeln sich die Jugendlichen von heute körperlich schneller. Manchmal bekommen Mädchen schon mit neun Jahren ihre Menstruation. Und diese schnellere körperliche Entwicklung zieht auch eine schnellere Entwicklung der Sexualität nach sich. Längst hat die Wirtschaft den Faktor »Sex« erkannt: »Sex sells« lautet das Stichwort: Mit Sex in der Werbung verkauft man alles besser. Das gilt auch für Zeitschriften, Filme, Bücher, die aufreizende sexuelle Inhalte pflegen, um von möglichst vielen Neugierigen gekauft zu werden. Deine Generation geht viel lockerer und ungehemmter mit Sexualität um als die deiner Eltern oder gar Großeltern.

Was jedoch – und davon sind alle Experten überzeugt – bei all diesen Entwicklungssprüngen manchmal nicht ganz mitkommt, das ist die Seele. Jugendliche, die körperlich voll entwickelt sind, brauchen trotzdem noch Zeit, um wirklich auch seelisch reif zu sein. Du spürst vielleicht selbst, dass du noch nicht so weit bist.

Nur ist der Druck, den Jugendliche vor allem untereinander ausüben, heute oft viel größer als in früheren Generationen: »He, hast du schon? … Was, du hast noch nicht?« Was auch immer du tust: Sei stolz, benutz deinen eigenen Kopf und lass dich nicht von Sprüchen dieser Art zu etwas hinreißen. Gib dir Zeit und entscheide selbst, was und wann etwas für dich richtig ist.

### Ab wann darf meine Freundin bei mir übernachten?

Meistens geben hier die Eltern den Ton an, denn sie entscheiden, was unter ihrem Dach passiert und was nicht. Es gibt jedoch auch gesetzliche Vorgaben: Der Staat schützt Minderjährige vor sexuellem Missbrauch oder vor sexueller Ausbeutung. So gibt es eine sogenannte sexuelle »Schutzaltersgrenze«, die für beide Geschlechter bei dem 14. Lebensjahr angesiedelt ist. Das heißt, dass sexueller Kontakt mit unter 14-Jährigen unter Strafe gestellt ist. Bis zum 16. Lebensjahr gibt es den »Straftatbestand« der »Verführung zum Beischlaf«. Dies wird allerdings nur auf Antrag verfolgt. Dies ganz kurz zur generellen rechtlichen Situation.

Sexuelle Kontakte sind also für über 14-Jährige rein rechtlich gesehen möglich. Jedoch haben die Eltern das Erziehungsrecht; und sie können es geltend machen, indem sie den beiderseitigen Umgang verbieten. Darüber hinaus machen sich Dritte (z.B. Eltern) strafbar, wenn sie Jugendlichen unter 16 Jahren Gelegenheit zur »Förderung sexueller Handlungen« geben. Wenn beide Partner allerdings 16 Jahre oder älter sind, gibt es rechtlich gesehen keinen Schutzraum mehr; dann machen sich die Eltern auch nicht mehr strafbar, wenn deine Freundin bei dir schläft.

**Meine Eltern möchten nicht, dass ich mit meiner Freundin schlafe. Was geht sie das überhaupt an?**

Du wirst in deinem Freundeskreis ganz verschiedene Reaktionen von Eltern erleben. Manche Eltern sehen das ganz locker. Andere sind da eher streng – und sie führen eine Reihe von Argumenten ins Feld: Frühe Bindungen halten in der Regel nicht besonders lange; es kann zu seelischen Verletzungen kommen; du sollst Sex für den Menschen aufheben, der wirklich die große Liebe deines Lebens ist; das Mädchen könnte schwanger werden etc.

Ich weiß nicht, welche Gründe deine Eltern haben. Aber eines ist sicher: Sie müssen dich sehr gerne haben, dass sie sich den Stress antun. Du siehst im Moment vielleicht nur die »elterliche Gewalt«, die euch den Spaß verderben will. Sieh es mal anders: Du kannst dich darüber freuen, dass es deinen Eltern nicht egal ist, wie du mit deiner Sexualität umgehst. Vielen Teenies fehlt eine ältere Kontaktperson, zu der sie Vertrauen fassen können. Sie sind daher regelrecht allein gelassen. Vielleicht hörst du dir mal an, was sie dir sagen möchten. Sieh deine Eltern nicht als Spielverderber an. Im Gegenteil. Sie haben das, was dir neu ist, schon durchlebt.

**TIPP**

Vielleicht kannst du mit deinen Eltern über ihre Sorgen sprechen und diese ausräumen.

## Wann darf ich mit meiner Freundin zusammenziehen?

Ohne Wenn und Aber mit 18; dann bist du volljährig. Die sogenannte »elterliche Gewalt« über die Kinder erlischt mit dem 18. Lebensjahr. Erst mit 18 Jahren erhältst du freies Niederlassungsrecht und kannst deinen Aufenthaltsort, deinen Beruf und deinen Arbeitsplatz frei wählen. Bis zu deiner Volljährigkeit ist nichts zu machen, wenn du von zu Hause ausziehen willst. Niemand darf dir eine Wohnung vermieten und deine Eltern können dich sogar notfalls von der Polizei zurückholen lassen. So steht es im Aufenthaltsbestimmungsrecht.

## Soll ich ein Mädchen zur Freundin nehmen, das schon mit vielen Jungen Geschlechtsverkehr hatte?

Sexuelle Unberührtheit bis zur Ehe war in fast allen Kulturen der Erde – vor allem im Christentum und im Islam – ein »Muss«, vor allem für Mädchen. In vielen islamischen Ländern besteht man noch heute mit großem Nachdruck auf der vorehelichen Keuschheit der Frau, und zwar so sehr, dass ein Mädchen, das vor der Ehe bereits sexuelle Erfahrungen hatte, vielfach kaum als Ehefrau in Betracht kommt. Allerdings heiraten Mädchen dort, wie früher bei uns, schon in sehr jungen Jahren. Auch deswegen ist in unserer Kultur die voreheliche Keuschheit heute, da Ehen wesentlich später geschlossen werden, sehr viel schwieriger einzuhalten. Nach wie vor gilt es in der katholischen Kirche als ein Ideal, unberührt in die Ehe zu gehen – und zwar für Jungen wie für Mädchen.

Die bürgerliche Gesellschaft hat da häufig einen merkwürdigen Unterschied gemacht. Während man bei den Jungen nicht selten mit den Augen zwinkerte, wurde vorehelicher Geschlechtsverkehr von Mädchen sehr kritisch betrachtet. Eine Frau, die sich mit einem Mann einließ und beispielsweise ein uneheliches Kind bekam, galt vielfach als Hure; für den Mann, der immerhin zu gleichen Teilen an der Geschichte beteiligt war, hatten die Leute schon mehr Verständnis: »Jungs müssen sich halt die Hörner abstoßen!« Eine unakzeptable Form von Doppelmoral! Doch mal ehrlich: Nach wie vor gelten bei uns Mädchen, die sich mit mehreren Jungen einlassen, als zweifelhaft und unzuverlässig, als »Flittchen«, das »jeder haben kann«, während Jungen, die häufig ihre Freundin wechseln, oft als tolle Kerle und beneidete Casanovas angesehen werden.

Doch was soll man wirklich davon halten? Wenn du tatsächlich an ein Mädchen gerätst, das mit jedem Flirt ins Bett geht, dann

lass sie stehen, wo sie steht. Sex ist mehr als ein Glas Wasser trinken oder jemandem die Hand schütteln. Du bist an die Falsche geraten; die Sorte gibt es leider wirklich. Für den Moment sieht es cool und lässig aus, aber im Grunde endet es oft sehr traurig.

Aber sei vorsichtig in der Beurteilung eines anderen Menschen: Woher willst du genau wissen, ob das Mädchen, dessen Freund du werden möchtest, wirklich so viele Partner hatte, wie du zu wissen glaubst? Wenn sie sich selber damit brüstet, so zeugt dies von Unreife und du solltest dir überlegen, ob du Lust hast, in diese »Sammlung« eingereiht zu werden. Es kann aber genauso gut sein, dass ein enttäuschter Exfreund Gerüchte in die Welt setzt, um das Mädchen schlecht zu machen, weil er mit der Enttäuschung nicht fertigwird, dass sie ihn verlassen hat – womöglich deinetwegen!

Denkbar ist auch, dass jemand häufig den Partner wechselt, weil er selbst ziemlich unsicher ist und auf diese Weise herausfinden möchte, ob er wirklich liebenswert ist. Auch gibt es Menschen, die regelrecht von einer Beziehung in die andere fliehen, weil sie Angst haben, sich, aus welchen Gründen auch immer, wirklich zu binden. Jemand, der vor dir schon andere Partner hatte, ist also nicht von vornherein »schlecht«, sondern es kann verschiedene Gründe für diese Vorgeschichte geben.

## Wie offen darf eine Zweierbeziehung sein?

Du willst eine Beziehung, zugleich aber die Möglichkeit haben, zu tun und zu lassen, was du willst. Wenn du die Grenzen deiner Freundin akzeptierst und sie dir diesen Freiraum lässt, dann kann das funktionieren. Manche reden dann von »freier Liebe«. Der Begriff ist allerdings paradox. Natürlich wirkt Liebe in gewissem

Sinne befreiend: Sie kann dir neues Selbstbewusstsein und unge-
ahnte Stärke verleihen. Aber niemals wirst du Liebe zum Nulltarif
kriegen. Liebe ohne Verantwortung funktioniert nicht.

Absolute Freiheit in einer Beziehung kann es nie geben. Gerade
wer liebt, gibt immer auch ein Stück seiner persönlichen Freiheit
auf. Er ist, wie du es ja vielleicht als Begriff auch aus der Chemie
kennst, eine Verbindung eingegangen. Wer dagegen seine Freiheit
und Unabhängigkeit über alles stellt, wird in letzter Konsequenz
auch die Liebe scheuen, weil er den damit verbundenen Verlust
seiner Freiheit fürchtet. Er wird auf Dauer – zumindest tief in seinem Inneren – ungebunden bleiben oder in einer unglücklichen
oder unbefriedigenden Beziehung enden.

### Kann man gleichzeitig mit zwei Mädchen gehen?

Man kann schon, aber meistens ist die Sache ziemlich kompliziert. Zunächst mal für dich selbst – und dann natürlich auch für
die beiden Mädchen. Frag dich mal, ob du bereit wärst, eine der
beiden mit einem anderen Jungen zu teilen. Du willst mit ihr ins
Kino, Schwimmbad oder in den Club gehen – aber sie hat ein
Date mit der »Nummer zwei« (vorausgesetzt, sie sagt es dir überhaupt offen). Noch schlimmer: Du hast nur den Verdacht, dass es
da noch jemanden geben könnte. Kein vernünftiger Mensch lässt
sich dauerhaft auf so etwas ein. Jemanden teilen? Jemanden, den
man liebt?

Denk nur allein an die Heimlichtuerei bei einer solchen Drei-
ecksbeziehung. Die belastet einen derart, dass man für Kumpels,
Schule oder Hobby so gut wie nie den Kopf frei hat. Und wenn
deine zwei Freundinnen dir auf die Schliche kommen, bist du
am Ende beide los. Fazit: Das kurzzeitige Gefühl, ein toller Typ

zu sein, weil du zwei Mädchen hast, bezahlst du letztlich verdammt teuer.

## Ist Fremdgehen hin und wieder erlaubt?

Fremdgehen, das bedeutet, in sexueller Hinsicht die Treue zu brechen, also mit jemand anderem als seinem Partner sexuell zusammen zu sein. In unserer abendländischen Kultur und im Christentum war das Prinzip der Treue jahrhundertelang eine feste Norm. Sie besagte, dass man sich sexuell ausschließlich in seiner Partnerschaft betätigen durfte. Untreue wurde lange Zeit sogar per Gesetz bestraft und spielte in Deutschland bis zur Reform des Scheidungsrechts im Jahr 1977 eine wichtige Rolle bei Ehescheidungen. Man sprach hier vom Schuldprinzip.

Etwa ab Ende der 60er-Jahre wurde sexuelle Untreue immer weniger als grober Verstoß gegen die Moral betrachtet. Doch spätestens in den 90er-Jahren gewann Treue durch Aids und der mit häufigem Partnerwechsel verbundenen Gefahr einer tödlichen Infektion eine völlig neue Bedeutung.

Heute wird Untreue nicht mehr verachtet, sondern eher als das Ergebnis einer unglücklichen Partnerschaft gesehen. Erlaubt ist in unserer modernen Gesellschaft (fast) alles. Doch ist es der Preis, den du dafür zahlst, wirklich wert, alles, was erlaubt ist, auch wirklich zu tun? Es ist empfehlenswert, die Treue als einen ganz hohen Wert zu betrachten. Es ist einfach großartig, einem treuen und verlässlichen Menschen zu begegnen, und es ist wunderschön, sich bei einem anderen Menschen sicher fühlen zu dürfen.

★ Warum bin ich so rasend eifersüchtig?

»Eifersucht ist eine Leidenschaft, die mit Eifer sucht, was Leiden schafft«, sagt ein Wortspiel des Theologen Friedrich Schleiermacher. Und der berühmte Psychoanalytiker Sigmund Freud hat schon vor rund hundert Jahren erkannt, dass Eifersucht zu den Affektzuständen gehört, die man ähnlich wie die Trauer als normal bezeichnen darf. Ein Mensch, der äußerlich nicht trauern oder eifersüchtig sein würde, für den würden diese oder ähnliche Gefühle im unbewussten Seelenleben eine umso größere Rolle spielen. Einfacher gesagt: Eifersucht gehört zu uns Menschen und im Grunde ist keiner frei davon.

Extreme Eifersucht entsteht dann, wenn jemand seinen Partner besitzen will und von der Angst beherrscht ist, ihn an einen anderen zu verlieren, der mehr bieten kann. Manche sagen, je eifersüchtiger man sei, desto mehr liebe man den anderen. Doch das ist ein Irrtum! Klar: Wer richtig liebt, will den Partner ganz für sich allein und ist daher natürlich eifersüchtig. Aber einen anderen Menschen zu lieben heißt nicht, ihn »besitzen« zu wollen. Der Wunsch, jemanden besitzen zu wollen wie ein Ding, und die Angst, ihn verlieren zu können, deutet auf ein ziemlich schwach ausgebildetes Selbstbewusstsein hin.

Es gibt, wie gesagt, »normale« Eifersucht. Du erkennst sie daran, dass sie wieder vorübergeht, wenn sich eine Situation geklärt hat, so wie auch Wut, Trauer und (leider) auch Freude oder Glück vorübergehen. Problematisch ist es, wenn Eifersucht, wie der Fachmann sagt, pathologisch (= krankhaft) wird. Dann sucht der Betroffene gar nicht nach einer befriedigenden Lösung seines Problems. Oft ist diese Eifersucht nicht einmal auf eine reale Situation bezogen. Sie klingt auch nicht nach einer gewissen Zeit ab, sondern besteht entweder dauerhaft und quälend oder flammt

immer wieder in alter Heftigkeit auf. Da wird es dann Zeit, sich um professionelle Hilfe zu kümmern, weil man ansonsten seelisch krank wird. Nur Mut! Es ist keine Schande, die Beratung eines Psychotherapeuten zu suchen.

> **TIPP**
>
> Passe dich nicht aus Angst vor dem Verlassenwerden völlig an die Bedürfnisse deiner Freundin an, sonst verlierst du deine Eigenständigkeit. Versuche nicht, ihr hinterherzuschnüffeln, um herauszufinden, ob deine Eifersucht berechtigt ist. Vertraue ihr, wenn sie dich darum bittet. Liebe ohne Vertrauen funktioniert nicht. Arbeite an deinem Selbstbewusstsein, dann fühlst du dich besser und bist dir deiner selbst sicherer.

### Was tun bei Liebeskummer?

»Liebeskummer lohnt sich nicht« heißt es in einem uralten Schlager. Da ist was Wahres dran, aber das dürfte dich kaum trösten. Für alle, die an Liebeskummer leiden, klingt so etwas eher wie Hohn. Natürlich gibt es gegen Liebeskummer kein Patentrezept, einige Ratschläge aber können dir durchaus helfen, wieder auf die Beine zu kommen. Liebeskummer ist schließlich kein Problem, das nur Jugendliche betrifft; so gut wie jeder Mensch hat schon einmal oder auch öfters darunter gelitten.

Auch wenn es anfangs vielleicht so aussieht, als ginge für dich die Welt unter – sie tut es ganz sicher nicht! Natürlich schmerzt es, wenn man sich im Stich gelassen fühlt, aber du solltest versuchen, mit diesem Schmerz umzugehen und ihn zu überwinden. So banal es sich vielleicht anhört: Die Zeit hilft uns, Enttäuschung, Wut und Trauer hinter uns zu lassen.

Man kann Liebe nun einmal nicht erzwingen, also muss man es auch akzeptieren, wenn sie vorüber ist – so schwer das auch fällt. Im Leben wechseln sich gute Zeiten mit schlechten Zeiten ab.

**TIPP**

Versuch, so bald wie möglich, wieder rauszugehen, Sport zu treiben und Freunde zu treffen. Ablenkung kann Wunder wirken. Über Kummer und Schmerz kommst du am besten hinweg, wenn du das Gespräch mit Menschen suchst, denen du vertraust. Wenn du so verzweifelt bist, dass dir dein Leben sinnlos vorkommt, brauchst du vielleicht Hilfe und Unterstützung von außen, unter Umständen auch dringend professionellen Beistand durch einen Arzt, Pfarrer oder Psychotherapeuten. Liebeskummer darf nie so weit führen, dass er dein Leben gefährdet oder gar zerstört.

### Bin ich frei, eine Beziehung jederzeit zu beenden?

Wenn du dir sicher bist, natürlich. Doch frag dich zuerst, warum du dich von deiner Freundin trennen willst. Langweilt sie dich? Hast du herausgefunden, dass sie nicht die Richtige ist? Gefällt dir eine andere?

Eine Trennung kommt in der Regel nicht aus heiterem Himmel. Meistens merkt man schon eine ganze Weile, dass etwas nicht stimmt. Irgendwann weißt du: Du fühlst dich in der Gegenwart deiner Freundin nicht mehr so wohl wie früher. Was kann es sein? Ist die Phase der Neugier vorbei? Ist deine Freundin nicht die, die du in ihr gesehen hast? Es gibt viele Gründe, warum Menschen nicht zueinander passen. Du bist in einem Alter, in dem du das alles herausfinden darfst, sollst, ja sogar musst. Ganz selten ist der erste Mensch, den man zu lieben glaubt, auch wirklich die große Liebe. Diese »Beziehungskisten« sind wichtige Schritte auf dem Weg zum Erwachsenwerden.

Trotzdem: Das Ende einer Gemeinschaft bedeutet immer Leiden, ganz gleichgültig, wie dieses Ende zustande gekommen ist. Du bist frei, eine Freundschaft zu beenden. Aber Freiheit bedeutet auch Verantwortung. Zumindest die Verantwortung, dem anderen offen und ehrlich gegenüberzutreten und zu sagen, was Sache ist.

## Wie kann ich ihr fair sagen, dass ich mich von ihr trennen will?

Es gibt kaum etwas Schwereres, als einem Menschen zu sagen, dass man ihn nicht mehr liebt und dass es »aus« ist. Auch viele Erwachsene sind beim Versuch, dies »fair« zu bewältigen, schon das eine oder andere Mal hoffnungslos gescheitert, haben sich regelrecht um Kopf und Kragen geredet. Es gibt keine Patentlösung für diese Situation. Manchmal macht man sich unglaublich viele Gedanken und es kommt doch alles ganz anders, als man es geplant hat, manchmal geht ein solches Gespräch auch einigermaßen reibungslos über die Bühne. Denn vielleicht hat deine

Freundin schon längst selbst das Gefühl, dass es keinen gemeinsamen Weg gibt.

Die problemlose Trennung ist (fast) immer ein Märchen. Es entstand wahrscheinlich aus der Not, die Schmerzen einer Trennung lindern zu wollen. Wir könnten uns doch viel beruhigter auf die Liebe einlassen, wenn wir sicher wären, dass sie ein schmerzloses Ende finden kann. Aber genau das Gegenteil ist der Fall: Liebe ist untrennbar mit Schmerzen verbunden.

Wenn zwei es nicht mehr aushalten, ein Paar zu sein, weshalb sollen sie dann ausgerechnet in der Trennung Verständnis fürein-

ander finden? Die beiden Partner trennen sich ja nicht, weil sie sich so gut verstehen.

Ein Ansatz für ein Trennungsgespräch könnte sein: Überlege dir, wie es dir gehen würde, wenn du in der Situation deiner Freundin wärst. Vielleicht liebt sie dich ja immer noch? Selten wollen beide Seiten eine Trennung gleich stark. Manchmal kommt der Trennungswunsch für den anderen völlig überraschend. Zur Fairness gehören Offenheit und Ehrlichkeit, aber auch das Bestreben, den anderen nicht mehr als unbedingt nötig zu verletzen.

Wenn du glaubst, das alles werde ohne Wunden abgehen, hast du schon verloren. So oder so: Es wird hart werden. Doch je offener du deine eigenen Gefühle zeigst, desto »fairer« kann die Sache ablaufen. Je klarer du dir darüber bist, was du wirklich willst, je besser du bei dir selbst bist, desto größer die Chance.

**TIPP**

Trenne dich auf eine »gute« Art und Weise und sag es dem Mädchen persönlich (nicht per Telefon, E-Mail oder SMS) und ohne verletzend zu werden. Lass, wenn es dir möglich ist, auch ein offenes Gespräch zu und beantworte ihr ihre Fragen. Vertröste sie nicht mit Worten wie »Wir können doch Freunde bleiben!«, denn das ist es vermutlich nicht, was sie von dir will. Akzeptiere ihre Art, mit der anstehenden Trennung umzugehen, auch wenn sie einen radikalen Bruch und dich nie mehr sehen will. Wasche nicht im Nachhinein schmutzige Wäsche in der Clique, zu der sie vielleicht auch gehört.

Sie hat Schluss gemacht – wie komme ich da bloß drüber hinweg?

Oft spürt man erst nach einer Trennung, wie sehr einem die Exfreundin fehlt, wie viel Spaß man miteinander hatte und wie gerne man sie eigentlich doch mag. Das bedeutet aber nicht automatisch, dass man sich voreilig getrennt hat. Wenn man merkt, dass der Partner wirklich weg ist, sucht man nach Gründen, weshalb es zur Trennung kam. Man fragt sich, ob man vielleicht etwas falsch gemacht hat?

Eine Trennung tut fast immer weh. Was danach helfen kann, ist eine positive Herangehensweise. Du wirst deinen Alltag vielleicht etwas verändern müssen, wenn du die Nähe zu ihr nicht erträgst, denn oft gibt es einen gemeinsamen Freundeskreis oder Orte, wo ihr euch beide aufhaltet. Diese Veränderungen können nun langsam oder schlagartig geschehen. Beides hat Vor- und Nachteile. Schlagartig heißt, jeden Kontakt zu deiner Exfreundin und ihrer Umgebung einzustellen. So reduzierst du über Nacht die meisten Gemeinsamkeiten. Allerdings ist das auch ziemlich hart: den Freundeskreis aufgeben, die Clubs, Kneipen, Kinos und sonstigen Orte meiden, in denen ihr zusammen wart.

Leichter scheint die langsame Vorgehensweise. Einfach einige der Gemeinsamkeiten abbauen und damit neue Situationen schaffen. Diese Art hat allerdings den Nachteil, dass einen die Traurigkeit vielleicht eher einmal einholt. Einige Dinge sind auf jeden Fall tabu: Anrufe bei der Exfreundin, Briefe an sie oder das Herumlungern vor ihrem Haus.

Es gehört Stärke dazu, den einstmals geliebten Menschen loszulassen. Der Spruch »Die Zeit heilt Wunden« wird hier gern gebraucht, genauso gern überhört – und er stimmt doch fast hundertprozentig. Um die Schmerzen einer Trennung zu heilen,

braucht es natürlich Zeit. Irgendwann wirst du in der Lage sein, den Blick wieder nach vorne zu richten und eine neue Freundin zu finden.

> ## TIPP
>
> Teile die Sorgen mit guten Freunden. Viele deiner Kumpels haben vielleicht auch schon eine Trennung hinter sich und verstehen, wie es dir geht. Auch Geschwister und manchmal Eltern können einem einen Teil der Last abnehmen. Geteiltes Leid ist halbes Leid! Lenk dich ab und tu die Dinge, die dir Spaß machen. Mit Leuten, die dir guttun!

## Ich liebe sie noch immer. Wie kriege ich sie nur zurück?

Wenn du sehr verliebt bist, schmerzt der Verlust der Freundin besonders. Ihre Entscheidung, sich von dir zu trennen, lässt sich nicht ändern. Das ist ihr gutes Recht. Es gehört zur Pubertät dazu, dass junge Menschen ihre ersten Beziehungserfahrungen sammeln, zu denen auch Trennung und Abschied gehören.

Ob eure Beziehung noch eine Chance hat, ob es noch einmal die Möglichkeit gibt zusammenzukommen, lässt sich an den Gefühlen erkennen, die ihr füreinander empfindet. Wichtig ist dabei, nicht aus Schuldgefühlen oder Mitleid dem Expartner oder aus Selbstmitleid sich selbst gegenüber die Beziehung wieder aufzunehmen, sondern auf die eigenen Gefühle zu achten. Gibt es noch Gefühle von Liebe, Zuneigung und Vertrauen zueinander, kann

sich ein neuer Versuch durchaus lohnen. Um dies herauszube-
kommen, müsst ihr miteinander reden. Wenn sie dir diese Chance
gibt, ist es für beide wichtig, dem anderen mitzuteilen, wie er sich
fühlt und wie es ihm mit der Trennung geht. Du kannst sie um ein
Gespräch bitten. Wenn sie allerdings Nein sagt, dann solltest du
das akzeptieren. Du hast natürlich noch die Möglichkeit, dich für
sie wieder interessant zu machen. Du weißt ja, wie sie tickt und
was sie an dir gut findet. Möglicherweise spürt sie nach einer gewissen Zeit, dass auch sie dich vermisst und du ihr schrecklich
fehlst. Wenn du aber merkst, dass sie wirklich mit dir »abgeschlossen« hat, wäre es besser, dich langsam mit der Trennung abzufin-
den, anstatt all deine Kraft aufzuwenden, um sie zurückzukriegen.
Oftmals hilft es, einige Zeit vergehen zu lassen. Vielleicht gibt es
dann die Chance zum Neuanfang, wenn du das dann überhaupt
noch willst.

# KAPITEL 6

Zur Sache:
Sex, Erotik, miteinander schlafen

## Was ist eigentlich Erotik?

Erotik ist all das, was man sexuell anregend findet. Und damit ist dann auch schon fast alles darüber gesagt. Das, was du »sexy« bei einem anderen Menschen findest, kann einen anderen völlig kaltlassen und umgekehrt. Denn der eine steht auf Megan Fox, der andere fährt auf Lady Gaga ab. Der eine liebt lange Haare, der andere steht auf einen großen Busen. Man sagt: Es gibt für jeden Topf einen Deckel. Das heißt: Jeder Mensch hat eine eigene erotische Ausstrahlung und wird jemanden finden, der diese Ausstrahlung bemerkt. Zum Glück. Denn hätten alle denselben Geschmack, wäre das eine ziemlich langweilige Geschichte.

Zwischen Erotik und Sex gibt es einen feinen Unterschied. Wo immer Männer und Frauen beieinander sind – in der Schule, bei der Arbeit, in der Freizeit – existiert unausgesprochen eine gewisse Spannung, eine erotische Ausstrahlung zwischen Männern und Frauen, ohne dass gleich Sex im Spiel ist. Dieses erotische Flair ist etwas Wunderbares. Du darfst es genießen, es bringt einen herrlichen Duft ins Leben: die schönen Kleider, die bezaubernde Art, in der sich Frauen bewegen, ihre Stimmen, ihr Blick, ihre Art zu sein.

125

### Was sind eigentlich erogene Zonen?

Das sind alle Stellen an deinem Körper, an denen Streicheln und andere Liebkosungen für dich sexuell anregend sind. Die Fähigkeit, sexuell zu empfinden, ist nämlich nicht nur auf deine Geschlechtsorgane beschränkt, sondern eigentlich kann dein ganzer Körper eine erogene Zone sein: die Ohrläppchen, der Hals, dein Nacken. Jungen sind sexuell besonders empfindsam an der Penisspitze, der Eichel. Auch die Hoden lieben zarte Berührungen. Die Brustwarze zum Beispiel ist auch bei Männern sehr empfindsam. Wird sie liebevoll berührt oder wird daran gesogen, gibt das ein schönes Gefühl. Die Muskeln der Brustwarze ziehen sich dann zusammen, die Brustwarze wird hart und richtet sich auf – bei Mädchen allerdings wesentlich deutlicher als bei Jungen.

### TIPP

*Findet einfach heraus, was euch selbst guttut, und sagt es einander. So kann allein schon euer Hautkontakt, bei dem ihr euch gegenseitig erkundet, ziemlich aufregend und reizvoll sein.*

### Gibt es eine Stufenleiter der Zärtlichkeit?

Natürlich. Es ist die einfachste Regel der Welt: Man soll so zärtlich miteinander sein, wie man sich kennt, sich liebt, miteinander vertraut ist, miteinander an eine gemeinsame Zukunft glaubt. Es gibt Leute, die gleich die oberste Sprosse der Leiter erklimmen

wollen. Im Grunde genommen kennen sie eine Frau noch gar nicht, wollen aber gleich mit ihr ins Bett. Schade, denn Liebe braucht Zeit, muss sich entwickeln dürfen, sonst verpasst man das Schönste.

Zärtlichkeit ist dein großes Gefühl für einen anderen Menschen, das du ihm auch zeigen willst. Eine Stufenleiter der Zärtlichkeit könnte sein: Schmachten, bis dein Bauch kribbelt. Küssen, bis dir schwindlig wird. Streicheln, bis deine Haut flimmert. Fühlen, bis du zitterst. Zärtlichkeit hat viele Spielarten und es kommt dabei ganz darauf an, wie gut sich ein Mädchen und ein Junge kennen und wie vertraut sie miteinander sind. Wenn sich das Paar aufeinander einlässt, wird ihm meist alles mögliche Schöne einfallen.

Als unerfahrene junge Menschen dürft ihr noch lernen, wie spielerisch die Liebe sein kann, ohne dass es um Geschlechtsverkehr geht und sich eure Zärtlichkeiten allmählich entfalten können. Vor allem bei Mädchen ist der Wunsch nach Zärtlichkeit und Nähe ausgeprägter als der nach Sex.

Bei der Zärtlichkeit sind eurer Fantasie keine Grenzen gesetzt. Wenn du immer öfters spürst, dass dir Schmusen und Küssen nicht mehr ausreichen, tun dir jetzt vielleicht Zärtlichkeiten gut, die besonders deine Genitalien erforschen. Diese Spielart heißt Petting und du kannst dabei auch einen Höhepunkt, einen Orgasmus, haben. Da die Intensität der Zärtlichkeiten langsam zunimmt, solltest du jetzt unbedingt an Verhütung denken, denn sogar beim Petting kann ein Kind gezeugt werden, wenn es den Spermien gelingt, einen Weg in den Körper deiner Freundin zu finden. Jetzt heißt es einfach zu erkennen, dass du Verantwortung trägst – für dich, aber auch für deine Freundin.

## Der Trieb macht's – oder kann man da etwas steuern?

Sexualität ist eine starke menschliche Kraft, die beginnt, sich in der Pubertät zu entfalten. Anfangs ist es vielleicht schwierig, damit umzugehen. Aber man kann lernen, sie zu steuern. Zum Beispiel, wenn du deine Sexualität in die richtigen Kanäle leitest. Dann wird sie dich weit tragen. Gib dir Zeit. Entdecke deine Gefühle, spür in dich hinein: Was willst du wirklich, was fühlst du, was tust du nur, um anderen zu imponieren oder nicht aus dem Rahmen zu fallen?

> ### TIPP
>
> Suche dir einen guten »Mentor«, also einen erfahrenen Menschen, zu dem du Vertrauen hast und mit dem du dich aussprechen kannst.

## Gibt es Sex ohne Liebe?

Ja – eine ganze Branche lebt davon: die Pornobranche, mit der weltweit ungefähr so viel Geld verdient wird wie mit Drogen. Das Geschäftsprinzip ist klar: Trenne Sex von der Liebe, stufe sie zur Ware ab – und dann mache Kasse damit. Besonders Männer lassen sich davon leicht das Hirn benebeln. Sie sagen sich: »Ich brauche jetzt Sex, am besten kostenlos!« Und dann muss eine Frau her. Der Mensch interessiert sie nicht. Sex ohne Liebe ist für viele vorstellbar, aber das ist so wie Suppe ohne Salz, wie Urlaub ohne Sonne.

## Gibt es Sex ohne Geschlechtsverkehr?

Geschlechtsverkehr haben heißt, dass der Mann mit seinem Penis in die Scheide der Frau eindringt. Viele glauben, Sex sei immer nur dann Sex, wenn Geschlechtsverkehr stattfindet. Man sieht es doch in jedem Film; da geht es nach fünf Minuten zur Sache, oder? Na ja, im Leben ist es selten wie im Film. Und das ist gut so. Alles, was zwei Menschen aus sexueller Lust machen, ist Sex: Küssen, Anfassen, Schmusen, Massieren, Streicheln, Petting. Sex ist eine Sache des ganzen Körpers und nicht nur der Genitalien. Beim Petting zum Beispiel lernt man, wie man eine Partnerin erregt und sich auf sie einstellt, indem man fantasievoll ihren Körper mit Mund und Händen erforscht und liebkost. Ebenso falsch ist es zu glauben, Sex müsse immer gleich mit einem Höhepunkt enden. Wenn man intensiv genug schmust und einander an den richtigen Stellen streichelt, kommt man dabei auch zum Höhepunkt. Sex ohne Geschlechtsverkehr macht genauso viel Spaß wie mit.

Aber Achtung: Sobald das Sperma des Mannes mit der Scheide der Frau in Berührung kommt, kann es zur Zeugung eines Kindes kommen. Wenn ihr in dieser Art miteinander zärtlich seid oder sein wollt, müsst ihr unbedingt ein Kondom benützen oder auf andere sichere Art die Schwangerschaft verhüten.

## Gibt es Liebe ohne Sex?

Sex und Liebe haben viel miteinander zu tun. Aber sie sind beileibe nicht zwei verschiedene Wörter für denselben Vorgang! Sex ist ein Teil der Liebe, er ist ein Zeichen für ein vertrautes, intimes Verhältnis zweier Menschen. Zwei Menschen, die einander

lieben, werden versuchen, so ehrlich und offen miteinander umzugehen, wie sie nur können. Das ist auch möglich, ohne Sex zu
haben. Zu früh miteinander zu schlafen, kann sogar den Aufbau
einer tragfähigen Beziehung behindern, deren Grundlage schließlich gegenseitiges Vertrauen sein soll. Denn zur Liebe gehören
auch Geduld und die Freiheit, Nein zu sagen.

**Was heißt eigentlich …**

**… platonische Liebe?** Ein Liebesverhältnis ohne Sex unter
erwachsenen Menschen bezeichnet man als »platonische
Liebe«. Dieser Begriff stammt vom griechischen Philoso-
phen Plato (ca. 428–348 v. Chr.), der einst den Zustand
»seelischer Zuneigung ohne sexuelles Verlangen« be-
schrieb.

Wenn sexuelle Beziehungen ins Spiel kommen, kann es schwierig
werden, Liebe und Sex voneinander zu unterscheiden, denn dann
nimmt der Sex (fast) immer bedeutenden Raum ein. Andere Bereiche – etwa gemeinsame Hobbys, die Tatsache, dass ihr euch gut
versteht, ähnliche schulische Interessen und so weiter – fallen auf
die nächsten Plätze. Sex verändert immer die Dynamik einer Beziehung.

## Muss man Sex haben?

Nicht wirklich. Es gibt immer mehr Jugendliche, die aus freien
Stücken mit dem Sex warten, bis sie verheiratet sind oder sich reif
genug für eine feste Partnerschaft fühlen. Sie sind nicht etwa prüde

131

oder verklemmt. Seit 1994 ist zum Beispiel auch in Deutschland die Bewegung »Wahre Liebe wartet« aktiv. Ursprünglich stammt die Idee aus den USA, wo sie 1992 von der Southern Baptist Church durch Richard Ross initiiert wurde. »Wahre Liebe wartet« ist eine internationale Bewegung, an der sich mittlerweile mehrere Hunderttausend Jugendliche aus aller Welt beteiligen. Die Initiative fordert dazu auf, bis zur Ehe sexuell enthaltsam zu leben.

**TIPP**

Wer ein solches Ideal toll findet oder darüber nachdenken möchte, kann sich im Internet unter www.wahreliebewartet.de weiter informieren.

### Geht man eine Verpflichtung ein, wenn man mit einem Mädchen schläft?

Sicher kennst du den schönen Satz aus Antoine de Saint-Exupérys berühmtem Buch »Der kleine Prinz«, wonach man ein Leben lang für das verantwortlich ist, was man sich einmal vertraut gemacht hat. Miteinander zu schlafen ist das Vertrauteste, was Menschen zusammen tun können. Daher gibt es eine Art »moralische Verpflichtung«, wenn man miteinander schläft. Eine körperliche Begegnung, wenn sie nicht völlig unmenschlich stattgefunden hat, ist immer ein Versprechen, den anderen zu lieben – ob es ausgesprochen wird oder nicht. Und wer dann sagt: »Für mich bedeutet das nichts«, zeigt nur, dass er sehr unreif und oberflächlich ist. Wer Liebe sagt, während er aber nur »das Eine« von seinem Part-

ner möchte, verhält sich ausgesprochen unfair und zerstört Vertrauen. An den Folgen haben möglicherweise beide Seiten lang zu knabbern. Stell dir einmal vor, du schläfst mit einem Mädchen, das du nicht liebst und mit dem du weiter nichts zu tun haben willst: Du nimmst die Gelegenheit zum Sex einfach mal mit. Und dann bekommt dieses Mädchen womöglich ein Kind. Du weißt ja, dass es eine absolut sichere Verhütungsmethode noch immer nicht gibt. Ein Kind kann man nicht so ohne Weiteres »wegmachen«. Dann kann es sein, dass du für eine Stunde Spaß gleich zwei Lebensgeschichten auf dem Gewissen hast. Das Mädchen wird zu früh Mutter. Sie wird das Kind vielleicht weggeben müssen. Oder sie wird es selbst erziehen wollen und deshalb einen sehr schweren Weg gehen. Das Kind wird ohne Vater aufwachsen. Du solltest dir also vorher darüber im Klaren sein, welche Verantwortung du übernimmst und dass du im schlimmsten Fall als ziemlich mieser Kerl dastehen kannst!

### Wie kann ich eigentlich über Sex reden, ohne unanständige Wörter zu gebrauchen?

Klar gibt es Sexualwörter, die man z.B. unter Freunden ungeniert ausspricht. Geraten die in die Ohren von Eltern oder anderen Erwachsenen, dann ist mit erzieherischen Gegenmaßnahmen zu rechnen. Aber ist es nicht so, dass das Thema, das eigentlich alle brennend interessiert, mit unanständigen Wörtern ins Lächerliche gezogen und abgewertet wird? Viel einfacher wäre es doch, wenn du die richtigen Definitionen beherrschst und dabei im Hinterkopf behältst, dass man nicht überall und unkontrolliert alles ausspuckt, was einem gerade durchs Hirn schießt. Schau doch einfach einmal in einem Wörterbuch der sinnverwandten Begriffe (auch

133

Synonymwörterbuch genannt) unter den medizinischen Fachbezeichnungen nach: Da findest du jede Menge Beispiele für umgangssprachliche Begriffe.

Hier eine kleine Sammlung: Die Scheide heißt in der Medizin Vagina, die Schamlippen heißen Vulva; aber umgangssprachlich hörst du: Ding, Pussi, Feige, Dose, Büchse, Scham, Mäuschen, Muschi oder Möse oder Fotze. Hoden heißen in der Medizin Testis und umgangssprachlich zum Beispiel Klöten, Nüsse oder Eier. Zum Glied, dem Penis, gibt es eine ganze Litanei an Möglichkeiten: Zapfen, Stöpsel, Zipfel, Piller, Schniepel, Piephahn, Pippi, Wenzel, Johannes, Gurke, Nudel, Kolben, Lümmel, Schwengel, Schwanz, Ständer, Stange, Riemen, Pimmel etc. Den Geschlechtsverkehr bezeichnet der Mediziner als Koitus oder Beischlaf. Auf der Straße hörst du dagegen die Wörter Bumsen, Vögeln und Ficken. Schlafen zwei Menschen miteinander, heißt dies im ordinären Jargon ficken, aber auch vögeln, bumsen, poppen oder rammeln. Der Ausdruck »rammeln« kommt aus der Jägersprache und bedeutet dort bei Hasen und Kaninchen so viel wie decken. Selbstbefriedigung bei Jungen wird oft mit »sich einen runterholen« oder »wichsen« umschrieben.

Was in Gesellschaft absolut tabu ist, muss es im intimen Rahmen zwischen zwei Liebenden nicht sein. Sex hat für die meisten Menschen ganz entscheidend mit Sprache zu tun. Viele bevorzugen eine liebevolle und vorsichtige Sprache, andere lieben es direkt. Vielleicht kommt es euch albern vor, untereinander die offiziellen lateinischen Bezeichnungen zu verwenden – etwa Vagina, Penis und Koitus. Da müsst ihr die passende private Sprache herausfinden, die euch angemessen erscheint; sie sollte nicht aggressiv, nicht sexistisch und nicht brutal sein, sondern zärtlich und so, dass ihr euch beide wohl dabei fühlt. Denkt immer daran, dass die Sprache euer Spiegel ist.

⭐ Was habe ich mit Safer Sex am Hut,
ich bin doch nicht schwul?

Der Begriff »Safer Sex« (sinngemäß »geschützter Sex«) ist zwar im Zusammenhang mit Aids und in der Homosexuellen-Bewegung entstanden, aber deshalb noch lange nicht auf diesen Bereich beschränkt. Bei Safer Sex lebst du Sexualität so, dass das Risiko, dich mit sexuell übertragbaren Krankheiten zu infizieren, stark verringert ist. Auch vor HIV bist du durch Safer Sex besser geschützt. Safer Sex bedeutet, dass Samenflüssigkeit, Scheidenflüssigkeit oder Blut nicht in den Körper der Partnerin oder des Partners gelangen und dass umgekehrt solche Körperflüssigkeiten nicht in den eigenen Körper gelangen. Das kann man durch die Benutzung von Kondomen beim Geschlechtsverkehr erreichen und durch sexuelle Praktiken ohne »eindringenden« Geschlechtsverkehr.

**TIPP**

Sexualität – und damit auch Safer Sex – bietet sehr viele Möglichkeiten, sich mit Zärtlichkeit und Fantasie gegenseitig Lust und Befriedigung zu schenken. Dazu gehört Küssen, Schmusen, Massieren, Streicheln und vieles mehr.

## Was passiert bei einer Defloration?

Bei den meisten Mädchen ist der Scheideneingang von innen mit einem dünnen, nachgiebigen Hautläppchen, dem sogenannten Jungfernhäutchen (beziehungsweise Hymen) umgeben. Das Hymen hat eine natürliche Öffnung, denn sonst könnte ja beispielsweise das Menstruationsblut aus der Scheide nicht abfließen. Dieses zarte Schutzhäutchen ist bei jedem Mädchen verschieden ausgebildet. Bei einigen ist es manchmal von Geburt an überhaupt nicht vorhanden. Es ist meistens weich und dehnbar, sodass auch Jungfrauen problemlos Tampons einführen können (deswegen gibt es auch besonders kleine Größen). Manchmal ist es fest und widerstandsfähig, sodass es das Eindringen des Penis erschweren kann. Dieses Problem kann durch einen kleinen frauenärztlichen Eingriff behoben werden. Oft wird das Hymen stark gedehnt und reißt ein, wenn das Mädchen sich zum Beispiel sportlich betätigt oder mit den eigenen Fingern untersucht. Dabei fließen dann ein paar Blutströpfchen, aber die wenigsten merken, dass ihr Jungfernhäutchen zerreißt, so minimal ist der Schmerz.

**Was heißt eigentlich ...**

**... Defloration?** Das Wort Defloration (Entjungferung) kommt vom lateinischen Verb *deflorare*, das »der Blüte berauben« bedeutet. Mit dem Begriff bezeichnet man die Zerstörung des Hymens beim ersten Geschlechtsverkehr.

**... Hymen?** Das Wort stammt aus dem Griechischen und bedeutet ganz einfach »Häutchen«. Bei uns ist es der Begriff für das Jungfernhäutchen am Scheideneingang.

Das Hymen kann auch einreißen, wenn ein Mädchen zum ersten Mal mit ihrem Freund schläft und er dabei seinen Penis in ihre Scheide einführt. Dieser Vorgang wird Entjungferung oder Defloration genannt (siehe Kasten). Viele Mädchen befürchten schmerzhafte körperliche Verletzungen. Und manche Jungen sind besorgt, ob ihr Penis auch hart genug ist, um das Hymen zu durchstoßen. Diese Sorge ist aber unbegründet.

> **TIPP**
>
> In den meisten Fällen zerreißt das Hymen sehr leicht, wenn sich die Liebespartner Zeit und Ruhe nehmen, bis die Scheide schön feucht ist. Genießt euer Verliebtsein, euer Glück, die Nähe zum anderen. Der Junge sollte sich vorsichtig bewegen, langsam und behutsam vorgehen, auf keinen Fall gewaltsam. Dann dürfte es sich für das Mädchen am Hymen allerhöchstens ein wenig unangenehm anfühlen oder leicht bluten, aber kaum wehtun.

### Was empfindet eine Frau beim Sex?

Die Empfindungen einer Frau beim Sex lassen sich in jede Richtung verändern und erweitern. Sie bedeuten Erregung, Wohlbefinden, Wärme, Romantik, Leidenschaft, Sehnsucht, Leichtigkeit, Entspannung … Jedes Mädchen, jede Frau empfindet anders, bereits die äußeren Umstände (jemand könnte stören, mein Freund ist zu schnell und so weiter) können ihre Gefühle beeinträchtigen. Während für den Mann die Sexualität vorwiegend etwas Körperliches ist, spielt sie sich bei Frauen vor allem im Kopf ab. Deshalb

müssen bei ihr Psyche und Körper im Einklang sein. Eine Atmosphäre von Geborgenheit und Zärtlichkeit ist für eine Frau eine sehr wichtige Voraussetzung dafür, mit ihrem Partner zu schlafen und den Sex auch als erfüllend zu genießen. Sie braucht einen einfühlsamen Liebhaber, Zeit, Geduld und die nötige Lust. Den meisten bedeuten zum Beispiel ein einfühlsames Vorspiel und ein zärtlicher Ausklang mindestens ebenso viel wie der eigentliche Geschlechtsverkehr. Viele Mädchen und Frauen erleben ihre sexuellen Höhepunkte zunächst bei der Selbstbefriedigung, weil sie dabei mit ihrem Körper, ihrem Kopf und ihren Wünschen unabhängig von einem Partner sind. Eine gute Übung, denn wenn eine Frau selbst weiß, was sie will, und ihrem Freund sagen kann, was ihr Spaß macht, kann sie einen befriedigenden Geschlechtsverkehr erleben. Beim Zusammensein mit ihrem Freund erleben manche Frauen keinen Höhepunkt und verrennen sich dann in die Vorstellung: Ich muss einen Orgasmus erleben, sonst habe ich ein Problem. Fakt ist: Frauen kommen beim eigentlichen Geschlechtsverkehr nicht automatisch zum Orgasmus, dafür oft beim gegenseitigen Liebkosen und Streicheln der erogenen Zonen. Neben Brust, Mund und Geschlechtsorganen gehören auch andere Regionen wie Hals, Ohrläppchen, Nacken, Achselhöhlen, Kniekehlen und die Innenseite der Oberschenkel zu diesen Zonen. Sie sind alle sehr empfindsam – aber welche Art von Erregungen eine lustvolle Reaktion auslösen, ist bei jeder Frau verschieden.

## Was empfindet ein Mann beim Sex?

Auch für den Mann gilt: Jeder empfindet anders. Es gibt beispielsweise harte Kerle mit weichem Kern ebenso wie scheinbare Sensibelchen, die in Wirklichkeit verkappte Machos sind. Wie bei

den Frauen hängt auch bei den Männern viel davon ab, welches Rollenbild sie durch ihre Erziehung, ihren Freundeskreis und ihren sonstigen Umgang (Medien, Schule, Verein) vermittelt bekommen haben.

Wie schön und gut Sex für einen Mann ist, hängt oft auch davon ab, wie er sich fühlt: Mag er sich selbst, wird er von seiner Partnerin anerkannt, hat er Erfolg in der Schule oder im Beruf, ist er mit seiner Rolle in der Clique zufrieden? All diese Dinge spielen für das Sexualleben eines Mannes eine große Rolle. Es ist ein Irrtum zu glauben, dass Männer es im Bett wesentlich einfacher haben als Frauen.

Manche Jungen und Männer reduzieren den Sex völlig auf den Geschlechtsverkehr und bringen sich dabei selbst um einzigartige Erfahrungen. Ganz abgesehen davon, dass keine Frau von diesem »rein, raus und fertig« begeistert ist, fehlt einem solchen Zusammensein die Vertrautheit und Tiefe, die einen Großteil des Glücksgefühls ausmacht. Ein guter Liebhaber denkt nicht in erster Linie daran, selbst möglichst schnell zum Orgasmus zu kommen, sondern widmet sich buchstäblich mit Leib und Seele seiner Partnerin und wird für diese Zuwendung durch Sex belohnt, der rein gar nichts mit bloßer Triebentladung zu tun hat.

**TIPP**

Gerade junge Männer glauben oft, besonders ausgefallene Stellungen und Techniken machten den erfolgreichen Liebhaber aus. Weit gefehlt! Die meisten Frauen ziehen einfühlsame, zärtliche Männer denen vor, die sie zu allerlei akrobatischen Übungen überreden wollen.

141

⭐ Was ist ein Orgasmus?

Der Orgasmus ist wichtig für die sexuelle Zufriedenheit – aber er ist nicht das einzige Ziel! Aber was ist er nun? Ein Sternschnuppenregen, der ultimative Liebeskick, ein Knister-Brutzel-Flammen-Feeling, das schönste aller Gefühle? Um es ganz nüchtern zu sagen: Der Orgasmus ist keineswegs eine geheimnisvolle Angelegenheit, sondern wissenschaftlich genau erforscht und vermessen. So weiß man heute, dass der Höhepunkt der sexuellen Lust bei Mann und Frau in vier miteinander verwobenen Phasen abläuft: Erregung, Plateau, Orgasmus und Rückbildung.

Die Erregungsphase macht den Anfang und kann von ein paar Minuten bis zu einigen Stunden dauern. Das Herz schlägt immer schneller, der Blutdruck steigt, die Brustwarzen werden hart. Spannung und Lust steigern sich, die Scheide wird feucht, die Klitoris schwillt an, der Penis wird steif. Diese Phase ist entscheidend dafür, dass eine Frau den Orgasmus erreicht und sexuell befriedigt wird. Deshalb legen Frauen besonderen Wert auf ein ausgiebiges zärtliches Vorspiel und auf einen Geschlechtsverkehr ohne Hast.

> **Was heißt eigentlich ...**
> **... Orgasmus?** Im Griechischen bedeutet das Wort *orgãn* »heftig verlangen«. Als Orgasmus bezeichnet man den sehr gefühlsintensiven Höhepunkt der sexuellen Erregung.

Die Plateauphase erreicht man kurz vor dem Orgasmus. Die Spannung der Muskeln nimmt noch mehr zu, die Atmung wird keuchend, die Herzfrequenz steigt noch höher, die sexuelle An-

spannung ist nun ganz stark. Wichtig ist dabei die Berührung von Klitoris oder Penis. Jetzt ist es kaum mehr auszuhalten: Der Höhepunkt kommt.

Dies ist die Orgasmusphase. Der Junge bekommt einen Samenerguss, das Mädchen erlebt rhythmische Muskelzusammenziehungen, Kontraktionen genannt, die sich von der Gebärmutter bis zur Vagina hinziehen. Wenn die Klitoris weiter berührt wird, kann das Mädchen mehrere Höhepunkte nacheinander bekommen. Der Mann hingegen braucht zunächst einmal eine Erholung.

Die letzte Stufe ist dann die Rückbildungsphase. Hautrötungen klingen ab, Atmung, Blutdruck, Herzschlag beruhigen sich. Der Penis ist erschlafft und nimmt wieder seine normale Größe an.

**TIPP**

Kein Orgasmus ist wie der andere. Aber im Prinzip gilt: Beim Mann ähnelt der Höhepunkt eher dem sekundenschnellen Entladen einer Spannung, bei der Frau kann er sich wellenartig anfühlen, wie ein Schwarm Schmetterlinge oder wie ein wunderbares Kribbeln. Er kann aber auch ganz anders sein. Und an dieser Stelle kommt dann die Wissenschaft zum Glück doch an ihre Grenzen …

## Welche Arten von Geschlechtsverkehr gibt es?

Ein Paar kann, wenn es ihm Spaß macht und es sportlich genug ist, sich in allen möglichen Stellungen lieben: sitzend, stehend, liegend. Nach dem Motto »Lust macht erfinderisch« gibt es die

verschiedensten Möglichkeiten für Geschlechtsverkehr. Wie für vieles andere auch gilt hier ebenfalls der Grundsatz: Gut ist, was beiden Partnern gefällt und worin sie das gemeinsame körperliche Zeichen ihrer Liebe finden, ein Zeichen, das zudem ihrer menschlichen Würde entspricht.

Grundsätzlich unterscheidet man zwischen drei Arten von Geschlechtsverkehr: Vaginalverkehr, Oralverkehr und Analverkehr.

Der Vaginalverkehr (Scheidenverkehr) ist sicherlich die häufigste Form: Der steife Penis gleitet in die Scheide. Das Paar bewegt sich miteinander und steigert so gegenseitig sein Lustgefühl. Meistens lieben sich Paare so, dass der Mann oben liegt, die Frau unten. Aber es geht auch umgekehrt. Es gibt noch viele andere Varianten wie im Stehen, im Sitzen, seitlich liegend, sogar von hinten kann man in die Scheide einer Frau eindringen. Aber die meisten Paare schauen sich beim Geschlechtsverkehr gern in die Augen.

Beim Oralverkehr (Mundverkehr) werden die weiblichen oder männlichen Geschlechtsteile mit Mund oder Zunge erregt (siehe auch nächste Frage: »Cunnilingus? Fellatio? Was ist denn das nun wieder?«). Wichtig zu wissen: Durch ungeschützten Oralverkehr kann man Aids bekommen. Durch kleine Verletzungen im Mund, wie etwa Zahnfleischbluten, können beim Oralverkehr über die Samen- oder Scheidenflüssigkeit die gefährlichen Viren ins Blut gelangen. Frauen sind beim Oralverkehr gefährdeter als Männer. Wegen des HIV-Risikos sollten sie vermeiden, dass Sperma in ihren Mund gerät. Deshalb gilt auch hier: In jedem Fall ein Kondom benützen!

Sicher hast du schon gelesen, dass es auch den sogenannten Analverkehr gibt, und zwar sowohl im heterosexuellen (zwischen Mann und Frau) als auch im homosexuellen (zwischen Mann und

Mann) Bereich. Bei homosexuellen Männern ist der Analverkehr ein zentraler sexueller Kontakt. Dabei wird das Glied durch den After in den Enddarm des Partners oder der Partnerin eingeführt. Wer sich dafür entscheidet, muss dabei extrem vorsichtig sein, damit der Darm nicht einreißt, denn der ist längst nicht so dehnbar wie die Scheide.

Analverkehr gehört übrigens zu den Sexualpraktiken mit dem höchsten HIV-Ansteckungsrisiko, weil die Darmschleimhaut besonders empfindlich und sehr leicht zu verletzen ist. Wer auf diese Art Liebe macht, muss deshalb unbedingt Kondome verwenden. Nach dem Analverkehr muss sich der Mann unbedingt waschen, bevor er zum Scheidenverkehr wechselt, damit keine Darmbakterien in die Vagina geraten. Diese sexuelle Variante wird in unserem Kulturkreis oft als unhygienisch, sündhaft oder pervers bewertet.

**TIPP**

*Zum Erwachsenwerden gehört es auch, Nein sagen zu lernen, auf die eigenen Wünsche und Vorstellungen zu hören und sich nichts aufzwingen zu lassen. Andererseits gehört es aber auch dazu, die Wünsche des anderen zu respektieren, wenn der nicht so weit gehen möchte wie man selbst. Wer die Partnerin oder den Partner bedrängt und unter Druck setzt, bringt nicht nur die Freude am Sex, sondern letztlich die ganze Beziehung in Gefahr.*

Cunnilingus? Fellatio? Was ist denn das nun wieder?

Beide Begriffe stehen für spezielle Formen von Oralverkehr. Beim Cunnilingus werden Scheide, Schamlippen und Klitoris mit Lippen oder Zunge liebkost, stimuliert und befriedigt. Wird am Penis des Mannes geleckt, gesaugt oder gelutscht, nennt man das Fellatio.

---

**Was heißt eigentlich ...**

**... Cunnilingus?** Der Begriff ist aus zwei lateinischen Wörtern zusammengesetzt: *cunnus* (= weibliche Scham) und *lingere* (= lecken).

**... Fellatio?** Das Wort stammt vom lateinischen *fellare* (= saugen) ab. Die Umgangssprache umschreibt die Fellatio mit »blasen«, was im Grunde genommen genau das Gegenteil aussagt.

---

Übrigens: Penis, Klitoris und Schamlippen sind sehr empfindlich. Deshalb wollen sie zart und liebevoll behandelt sein, damit Oralverkehr genossen und als schön empfunden werden kann. Viele Menschen lehnen Oralverkehr ab. Wenn diese Art von Sex deiner Freundin unangenehm ist, darfst du sie auf keinen Fall dazu drängen oder sie überrumpeln. Und natürlich sollst auch du dich nicht dazu überreden lassen, wenn du nicht selbst dazu bereit bist.

Was du unbedingt wissen musst, ist, dass durch oralen Kontakt Krankheiten übertragen werden können, und zwar durch Herpes-, Hepatitis- und HI-Viren oder Gonokokken. Neben der Aidsgefahr gilt: Durch Oralverkehr werden unter Umständen nicht nur die Geschlechtsteile infiziert, sondern auch der Rachen oder der Enddarm. Kondome, Hygiene und Sauberkeit sind somit beim Oralverkehr oberstes Gebot.

## Was ist eigentlich pervers?

Mit dem Begriff Perversion beschreibt man ein sexuelles Verhalten, das unnormal, schwer krankhaft oder sogar verbrecherisch ist. Bei einigen Perversionen bezieht sich das Luststreben auf unnormale Ziele: etwa bei der Sodomie, bei der Nekrophilie oder der Pädophilie (siehe Kapitel 9 »Was heißt eigentlich pädophil?«). Bei anderen wiederum wird die sexuelle Befriedigung auf unnormale Weise erreicht: beispielsweise bei Sadismus, Masochismus, Voyeurismus oder Exhibitionismus. Heute betrachtet man diese ungewöhnlichen Formen der Sexualität als psychische Störungen. Sie sind fast alle strafbar, müssen aber auch psychologisch oder medizinisch behandelt werden. Man benutzt den Begriff der Perversion umgangssprachlich auch außerhalb der Sexualität für Taten und Meinungen, die als abartig oder gesellschaftlich unakzeptabel gelten.

Was bedeuten die Begriffe im Einzelnen? Bei Sodomie (benannt nach der biblischen Stadt Sodom) betreibt ein Mensch Geschlechtsverkehr mit einem lebenden Tier. Dieses Vorgehen war bis 1969 in Deutschland strafbar, die Darstellung sodomistischer Handlungen (etwa auf Fotos oder Videos) ist es nach wie vor. Nekrophilie (auch Nekromanie genannt) kommt vom griechischen *nekros* (= Leichnam) und *philein* (= lieben). Das ist eine schwere, aber auch seltene sexuelle Störung mit dem Ziel, Geschlechtsverkehr mit oder in der Nähe von Toten zu haben. In Deutschland ist sie strafbar.

> ## Was heißt eigentlich ...
>
> **... pervers?** Das lateinische Wort *perversus*, auf das unser Wort »pervers« zurückgeht, bedeutet »verdreht«, aber auch »verkehrt«, »unrecht«, »widersinnig«. Verkehrtheit und Torheit bezeichneten die alten Römer als *perversitas*.

Pervers ist der Sex mit Kindern, die Pädophilie. Die griechischen Wörter *pais* (= Kind) und *philein* (= lieben) sind die sprachlichen Wurzeln für den Begriff Pädophilie. Damit sind alle Formen sexueller Handlungen an Kindern gemeint, die sich dabei in der Regel noch nicht in der Pubertät oder in einer frühen Phase der Pubertät befinden. Sie werden rechtlich als sexueller Missbrauch gewertet, auf den Gefängnis steht (siehe hierzu Kapitel 9 »Was heißt eigentlich pädophil?«).

Als eine Perversion gilt der Sadismus. Er hat seinen Namen von dem Marquis de Sade, der in seinen Schriften exakt dargestellt hat, wie man Lust empfindet, wenn man anderen Grausamkeiten zufügt. Beim Masochismus ist es genau umgekehrt: Hier wird sexuelle Lust erlebt, wenn man körperlichen Schmerz erleidet. Hier ist der Österreicher Leopold von Sacher-Masoch Namensgeber, der in seinen Werken Figuren mit dieser Neigung beschrieben hat.

Kombiniert man Sadismus und Masochismus, erhält man den Sadomasochismus. Bei dessen sexuellen Praktiken werden zur Steigerung der Lust Machtspiele (dabei geht es um Dominanz, Demütigung, Unterwerfung) mit schmerzhaften Reizen (Fesseln, Schlagen oder Peitschen) verbunden. Diese »Spiele« folgen einer festgelegten Rollenverteilung: Es gibt etwa einen »Sklaven« und eine »Herrin«, auch »Domina« genannt.

Der Exhibitionismus (vom lateinischen Wort *exhibere* = anbieten, zeigen) ist eine psychosexuelle Störung vor allem bei Männern. Ein Exhibitionist fühlt sich sexuell erregt und befriedigt, wenn er vor anderen Menschen seinen Penis zeigen oder sich selbst befriedigen kann. So gut wie nie greift er dabei jemanden an, sondern erlebt seine Befriedigung dadurch, dass er andere erschreckt oder deren Schamgefühl verletzt. Exhibitionisten riskieren generell ein Strafverfahren wegen sexueller Belästigung, Nötigung oder Erregung öffentlichen Ärgernisses. Exhibitionistisches Verhalten hat psychische Ursachen und ist häufig zwanghaft. Für Betroffene gibt es Beratungsstellen und Selbsthilfegruppen.

Beim Voyeurismus kommen die sogenannten »Spanner« auf ihre Kosten. Der Begriff stammt aus dem Französischen und bedeutet wörtlich »Zuschauerschaft«. Der Voyeur sucht sexuelle Erregung, indem er heimlich andere Personen beim Entkleiden oder beim Liebesspiel beobachtet. Häufig masturbiert er dabei. Besonderer Reiz für den Voyeur ist es, unentdeckt zu bleiben. Voyeurismus wird in solchen Fällen ein Ersatz für die eigene Sexualität, etwa bei jemandem, der schwer Kontakte zu anderen findet. Voyeure haben Angst vor der eigenen Körperlichkeit und Sexualität, sie haben Angst, für einen echten Sexualpartner Verantwortung zu übernehmen. Nur durchs Gucken fühlen sie sich geschützt und unangreifbar. Die Psychologie ist sich noch nicht klar darüber, ob ein Voyeur möglicherweise eine krankhafte psychische Störung hat, die sich sogar zu sexuellen Straftaten steigern kann.

## Kann Sex zur Sucht werden?

Gerade in der Pubertät spielt das Thema Sex eine große Rolle. Alles, was damit zusammenhängt, erscheint dir interessant. Das

ist ganz normal. Aber ähnlich wie das Zocken an Spielautomaten, Internetspiele, Rauchen, Alkohol oder Drogen kann auch Sex zur Sucht werden: dann nämlich, wenn der Gedanke an Sexualität den ganzen Tag bestimmt und allmählich alles andere verdrängt. Wer von einer Sache abhängig ist, kann ohne sie nicht mehr selbstständig leben. Man schränkt dadurch seine persönliche Freiheit zunehmend ein und isoliert sich von den anderen. Was zunächst ein schöner Spaß oder Zeitvertreib war, entwickelt sich zur selbstzerstörerischen Gewohnheit, von der man einfach nicht mehr loskommt und die man braucht, um beispielsweise Probleme zu vergessen. Es gibt zwar keine allgemeingültige Grenze, ab der jemand als sexsüchtig gilt, aber wenn es für dich ein Thema ist, dann könntest du dich an einen Menschen, der dein Vertrauen hat, oder eine Sucht- und Familienberatungsstelle (siehe Anhang) um Hilfe wenden.

# KAPITEL 7

Klartext: Schwangerschaft, Verhütung und Abtreibung

## Wie kommt es zu einer Empfängnis?

Kommt es beim Geschlechtsverkehr zu einem Samenerguss, dann werden ungefähr 500 Millionen Spermien zur Öffnung des Gebärmutterhalses in den hinteren Teil der Scheide der Frau auf die Reise geschickt. Hat keiner von beiden Partnern verhütet, kann das Ergebnis eine Empfängnis sein. Man kann dazu auch Zeugung oder Befruchtung sagen. Für die Strecke von der Scheide bis zum Eileiter brauchen die Spermien nur eine Stunde. Von den vielen Millionen Samenzellen reicht eine einzige aus, um eine Eizelle zu befruchten. Die Eizelle ist auf ihrem Weg durch den Eileiter in die Gebärmutter nach dem Eisprung für etwa 24 Stunden befruchtungsfähig. Nur während der Tage um den Eisprung herum kann das Mädchen schwanger werden. Aber Monatszyklus und Eisprung lassen sich nicht auf den Tag genau vorherbestimmen. Zyklen können unregelmäßig sein oder durch Aufregung, Stress, Liebeskummer, Krankheit oder Reisen beeinflusst werden. Der Eisprung kann sich dann sowohl nach vorne als auch nach hinten verschieben. Weil die Samenzellen zwei bis fünf – zum Teil sogar sieben – Tage in der Gebärmutter und dem Eileiter überleben können und sozusagen auf die Eizelle »warten«, kann das Mädchen schwanger werden, wenn es ein paar Tage vor dem Eisprung und einen Tag danach Geschlechtsverkehr hatte. Um eine

unerwünschte Schwangerschaft zu verhindern, solltet ihr immer an allen Tagen des Monatszyklus verhüten.

Treffen Ei- und Samenzelle zum richtigen Zeitpunkt zusammen, verschmelzen sie miteinander. Jetzt entsteht ein neuer, einmaliger Mensch. Nistet sich die Eizelle etwa am siebten Tag nach der Befruchtung in der Gebärmutterschleimhaut ein, hat die Schwangerschaft begonnen.

> **TIPP**
>
> *Eine Zeugung kann schon beim Petting passieren, wenn vor dem Samenerguss Samen aus dem Penis kommen. Achte also unbedingt darauf, dass beim Streicheln vor und nach einem Samenerguss kein Sperma in die Scheide gelangt.*

## Wie wächst ein Kind im Bauch der Mutter heran?

In zehn Mondmonaten oder rund vierzig Wochen nach der letzten Regelblutung entwickelt sich aus dem befruchteten Ei ein Kind. Es ist heute wissenschaftlich nachgewiesen, dass in der Eizelle schon sechs Stunden nach der Befruchtung ein menschliches Wesen existiert, bei dem man bereits Geschlecht, Farbe der Augen und Haare und andere individuelle Eigenschaften feststellen kann. Ungefähr **24 Stunden** nach der Befruchtung beginnt die erste Zellteilung.

Etwa am **siebten Tag** nistet sich die befruchtete Eizelle in der Gebärmutter ein. Das Fruchtwasser und der Mutterkuchen bilden

sich. Der Embryo nimmt jetzt durch den Mutterkuchen Sauerstoff und Nahrung auf.

In der **vierten Woche** nach der letzten Menstruation ist er etwa 2 mm groß, etwa wie ein Mohnsamen. Die inneren Organe, Leber, Lunge, Magen, Darm und Nieren beginnen sich zu bilden. Zu diesem Zeitpunkt erfährt die Mutter durch Ausbleiben der Regelblutung, dass sie schwanger ist.

In der **fünften Woche**, also am Beginn des zweiten Monats, hat sich ein rohrförmiges Herz gebildet, das jetzt anfängt zu schlagen. Die ersten Blutzellen und -adern entwickeln sich. Das bis dahin noch freiliegende Rückenmark schließt sich.

In der **sechsten Woche** ist der Embryo bis zu 1 cm groß (das entspricht ungefähr einem Wildreiskorn) und seine Organe beginnen, sich zu entwickeln. Die Nabelschnur zeichnet sich ab.

Ab der **siebten Woche** bilden sich Handgelenk und Finger, man kann nun schon die Hände und Füße als kleine Knospen unterscheiden. Das Gesicht formt sich allmählich, an beiden Seiten des Kopfes werden die Augen als kleine Vertiefungen sichtbar. Das Kind ist etwa so groß wie ein Kürbiskern.

**Acht Wochen** nach der Empfängnis ist die Konstruktion des Herzens beendet. Das Kind ist mit rund 1,6 cm vom Kopf bis zum Steiß etwa so groß wie eine kleine Murmel. Finger und Zehen kann man jetzt schon ganz deutlich erkennen. Nun werden Oberlippe und Nasenspitze gebildet.

In der **zehnten Woche** ist das Kind vom Scheitel bis zum Steiß etwa 28 bis 30 mm groß. Nun beginnt die Ausbildung der Geschmacksnerven, auch die Anlage für alle zwanzig Milchzähne ist, wenn auch noch undeutlich, zu erkennen.

Insgesamt ist das Kind in der **elften Woche** körperlich ganz ausgebildet und alle wichtigen Organe sind entwickelt. Sie müssen nur noch an Größe zunehmen.

Gegen **Ende des dritten Monats**, in der **zwölften Woche**, ist der Embryo schon ungefähr 6 cm groß und 28 g »schwer« und fängt an, sich spontan zu bewegen. Das Gesicht des Kindes sieht nun schon aus wie das eines kleinen Menschen.

Von der **13. Woche** an kann das Kind seinen Mund öffnen und schließen (und auch schon am Daumen lutschen). Sein Geschlecht ist ab jetzt eindeutig bestimmbar.

Die ersten Haare sind ab der **14. Woche** zu sehen, die Nieren produzieren den ersten Urin. Eine Woche später ist das Kind schon über 10 cm lang und wiegt fast 60 g. Es bewegt seine Ärmchen und ballt die Hände zu Fäusten.

Am Ende des **vierten Monats** ist das Kind vom Scheitel bis zum Steiß etwa so groß wie eine kleine Avocado und kann seine Stirn runzeln, die Augen drehen und schlucken.

Ab der **17. Woche** kann die Mutter zum ersten Mal die Bewegungen ihres Kindes spüren.

Ab der **20. Woche** hört der Arzt mit einem Stethoskop den kindlichen Herzschlag. Das Kind ist etwa so groß wie eine Banane.

In der **21. Woche**, also im sechsten Monat, ist das Kind im Sitzen 17 cm lang und wiegt circa 380 g. Es wächst jetzt rasch weiter. Anhand seiner Kopfgröße kann der Arzt mit der Genauigkeit von einer Woche das Geburtsdatum festlegen. Bei einem Mädchen enthalten die Eierstöcke schon mehr als sechs Millionen Eizellen.

Ab der **22. Woche** reagiert das Kind auf Geräusche, es entwickelt einen Schlaf-Wach-Rhythmus. Die Mutter kann es durch ihre Bewegungen aufwecken.

In der **26. Woche** ist das Kind etwa 23 cm lang und über 850 g schwer. Seine Füßchen sind nun 5 cm lang. (Welche Schuhgröße das wohl wäre?) Es öffnet und schließt seine Augen.

Im **achten Monat**, ab der **30. Woche**, kann das ungeborene Kind schmecken, zum Beispiel das süße Fruchtwasser. Es ist 27 cm lang

und wiegt 1,5 kg. Seine Augen sind jetzt ganz geöffnet, und es kann hell und dunkel unterscheiden.

Käme das Kind ab der **34. Woche** frühzeitig zur Welt, hätte es mit seinen 31,5 cm und 2,5 kg eine realistische Chance, ohne größere Komplikationen zu überleben.

Ab der **36. Woche** wird für die Mutter das Heben und Bücken immer beschwerlicher, manchmal spürt sie jetzt das Zusammenziehen der Gebärmutter, die sogenannten vorgeburtlichen Wehen.

Ab der **37. Woche** beträgt der Kopfdurchmesser des Kindes über 9 cm. Dem Kind wird es allmählich zu eng im Bauch der Mutter. Nun kann jederzeit die Membrane der Fruchtblase platzen und das Fruchtwasser abgehen.

Ab der **38. Woche** bereitet sich das Kind auf seinen großen Eintritt in die Welt vor und nimmt die endgültige Geburtslage ein. Die meisten Kinder liegen mit dem Kopf nach unten.

In der **40. Woche** ist das Kind mit rund 50 cm Länge und durchschnittlich 3,5 kg Gewicht für die Geburt bereit. Jetzt will und wird es auf die Welt kommen.

## Wann ist ein Embryo ein Mensch?

Ab dem Zeitpunkt der Befruchtung, also von Anfang an, ist jedes Ungeborene ein Mensch. Die moderne Naturwissenschaft ist sich einig: Mit der Verschmelzung von menschlicher Ei- und Samenzelle beginnt die Lebensgeschichte eines Menschen. In diesem Augenblick werden Geschlecht, Aussehen, aber auch Begabungen, Charakter und vermutlich sogar die mögliche Lebensdauer des Menschen festgelegt. Das menschliche Wesen dieser einmaligen, einzigartigen Person wird sich zu keinem Zeitpunkt seiner Entwicklung ändern. Was sich ändert, ist die äußere Gestalt des Menschen. Klar, dass ein Erwachsener anders aussieht als ein Säugling. Die erste Erscheinungsform des Menschen ist also die befruchtete Eizelle. Sie unterscheidet sich mit ihren artspezifischen 46 Chromosomen eindeutig von jeder anderen Eizelle. Das bedeutet, dass es diesen Menschen vorher noch nie gegeben hat und dass es ihn auch nie wieder geben wird. Er ist einmalig und einzigartig. Das gilt für dich, für mich, für jeden.

## Wie wird ein Kind geboren?

Die Geburt eines Babys kündigt sich mit unübersehbaren Anzeichen an: Die Mutter spürt Wehen, Schleim oder Fruchtwasser gehen ab. Die Muskulatur der Gebärmutter zieht sich bei den Wehen rhythmisch zusammen, dabei werden die Abstände immer kürzer. Wenn regelmäßige Wehen einsetzen, spricht man von der Eröffnungsphase. Das Baby macht sich auf seinen Weg.

Die Wehen dehnen den Verschluss der Gebärmutter, den Muttermund, und bewirken gleichzeitig, dass das Kind tiefer in das Becken wandert. Bis der Muttermund sich auf die nötigen 10 cm geweitet hat, können bis zu 14 oder sogar mehr Stunden vergehen. Die Mutter hat dabei Schmerzen, die sie zum Beispiel mit Atemübungen in den Griff bekommen kann. Die Abstände zwischen den einzelnen Wehen werden immer kürzer. Dabei platzt auch die Fruchtblase (wenn sie nicht schon früher gesprungen ist), in die das Baby eingehüllt war, und das Fruchtwasser fließt ab. Dann ist die Eröffnungsphase beendet und die Austreibungsphase (die eigentliche Geburt des Kindes) beginnt.

Jetzt treiben die Wehen den kindlichen Kopf durch den Muttermund und durch die Scheide aus dem Mutterleib heraus. Bei die-

sen sogenannten Presswehen hilft die Mutter kräftig mit. Das dauert meistens eine halbe bis eine Stunde. Dann ist es schon fast geschafft! Die meisten Kinder erscheinen mit dem Kopf voran. Gleich nach der Geburt macht das Neugeborene seinen ersten Atemzug und lässt seinen ersten Schrei hören. Die Nabelschnur, die es bis dahin noch mit der Mutter verbunden hat und über die es ernährt wurde, wird durchschnitten (das kann zum Beispiel der Vater machen).

Die letzte Phase der Geburt ist vorbei, wenn der Mutterkuchen (die Plazenta) zusammen mit dem Rest der Nabelschnur nach weiteren 15 Minuten ausgestoßen wird. Jetzt ist die Gebärmutter völlig leer. Mutter und Kind müssen sich von den heftigen Anstrengungen erholen! Dazu kommen sie ungefähr eine Woche auf die Wöchnerinnen-Station im Krankenhaus, wo die Schwestern der Mutter zeigen, wie sie ihr Kind richtig stillt oder füttert und pflegt.

## Mit welchen Methoden können Frauen eine Empfängnis verhüten?

Wenn ein Paar es nicht darauf ankommen lassen möchte, ein Kind zu bekommen, muss es eine Empfängnis möglichst zuverlässig verhüten. Kinder sollten nicht aus Zufall oder Nachlässigkeit entstehen, sondern wirklich von beiden Elternteilen erwünscht sein. Doch so, wie ein Kind immer beide Eltern angeht, ist auch die Verhütung Sache beider Partner. Mann und Frau sollten gemeinsam die Verantwortung dafür übernehmen und eine partnerschaftliche Entscheidung darüber treffen, auf welche Art sie eine Empfängnis verhüten wollen. Zur Wahl stehen Methoden, die von der Frau angewendet werden, als auch eine – das Kondom –, die der Mann einsetzt.

Frauen können auf verschiedene Arten eine Empfängnis verhüten, aber keine ist hundertprozentig sicher. Nachfolgend stellen wir dir die bekanntesten Möglichkeiten vor, ausgehend vom geringsten Risiko.

> **TIPP**
>
> *Drei Punkte muss eine Frau abwägen, bevor sie sich für eine Methode entscheidet: Wie sicher und zuverlässig ist die Methode? Wie verträglich ist sie für mich? Kann ich sie richtig anwenden?*

Ein neutraler Maßstab, mit dem man die Wirksamkeit von empfängnisverhütenden Maßnahmen vergleichen kann, ist der sogenannte Pearl-Index. Das ist ein statistischer Wert: Wenn 100 Frauen ein Jahr lang ein bestimmtes Verfahren zur Empfängnisverhütung anwenden, kommt es dabei trotzdem immer wieder zu Schwangerschaften. Der Pearl-Index steht dann für die Anzahl dieser Schwangerschaften oder anders gesagt, für die »Versagerquote«. Ein Beispiel: Von 100 empfängnisfähigen Frauen, die in einem Jahr überhaupt keine Verhütung betreiben, werden durchschnittlich 85 schwanger. Der Pearl-Index liegt hier also bei 85.

> **TIPP**
>
> *Jede Methode zur Empfängnisverhütung hat ihre Vor- und Nachteile. Natürlich wird es für das Mädchen wichtig sein, ihr gesundheitliches Risiko möglichst gering zu halten. Sie sollte es aber immer gegen das Risiko einer ungewollten Schwangerschaft abwägen. Sie muss sich unbedingt mit dem Arzt oder der Ärztin und dem Partner besprechen.*

Das **Hormonstäbchen**, die »Minipille im Arm« verhütet sehr sicher (Pearl-Index 0 bis 0,08), da man es nicht vergessen kann. Es ist ein 4 cm langes und 2 mm dünnes Stäbchen aus einem weichen Kunststoff, das drei Jahre lang eine bestimmte Menge des Hormons Gestagen freigibt und so das Heranreifen von Eizellen verhindert und den Schleim für Spermien undurchlässig macht. Der Arzt macht dazu einen kleinen Hautschnitt von etwa 2 mm Länge. Mithilfe einer speziellen Nadel schiebt er (bei örtlicher Betäubung) das Stäbchen unter die Haut an der Innenseite des Oberarms, etwa 3 bis 4 cm über der Ellenbeuge. Das Hormonstäbchen plus Einsetzen kostet etwa 350 Euro, die Kosten werden durch die Krankenkasse kaum übernommen. Für eine sichere Empfängnisverhütung über drei Jahre hinweg ist das zwar verhältnismäßig preiswert, doch sollte das Hormonstäbchen nicht kritiklos eingesetzt werden, denn gerade bei jungen Mädchen, deren Zyklus sich erst einspielen muss, kann es schwerwiegende Nebenwirkungen haben. So führt es beispielsweise zu Blutungsstörungen oder zu Östrogenmangel.

Die **Antibabypille** gilt als eines der sichersten Verhütungsmittel speziell für jüngere Frauen. In Deutschland nehmen sie rund sieben Millionen Frauen. Die Pille gilt als eines der sichersten Verhütungsmittel. Wird sie richtig eingenommen, liegt der Pearl-Index bei 0,1 bis 0,9. Die weiblichen Hormone Östrogen und Gestagen, die in der Pille enthalten sind, unterdrücken den Eisprung (die Ovulation). Es gibt keine dann befruchtungsfähige Eizelle, die durch eine männliche Samenzelle befruchtet werden könnte. So wird eine mögliche Schwangerschaft verhindert. Damit die Pille aber sicher wirken kann, muss das Mädchen sie regelmäßig täglich einnehmen, also zum Beispiel nach dem morgendlichen Zähneputzen. Die Pille ist nicht sicher und kann unwirksam werden, wenn das Mädchen in den ersten drei Stunden nach der Einnahme starken Durchfall bekommt oder

erbrechen muss oder wenn es bestimmte Medikamente ein-
nimmt. Dazu sollte sie ihre Frauenärztin oder ihren Frauenarzt
befragen.

Die Frau beginnt mit der ersten Pille am ersten Tag der Monatsblutung. Das Präparat schützt sofort vor Empfängnis, aber
beispielsweise nicht vor Geschlechtskrankheiten! Obwohl die
Antibabypille eine Menge Vorteile gegenüber anderen Verhütungsmethoden hat, sollte sich die Frau beim Arzt genau (das
heißt auch über mögliche Nebenwirkungen) informieren, bevor
sie sich dafür entscheidet. Manche Frauen vertragen die Pille
nicht und manche sind dagegen, weil sie nicht über Jahre und
Jahrzehnte hinweg die natürlichen Körpervorgänge durch
»Chemie« manipulieren wollen. Bis zum 20. Lebensjahr ist die
Pille für gesetzlich versicherte Mädchen kostenlos, in der Apotheke ist nur die Rezeptgebühr zu bezahlen. Bis zum vollende-
ten 18. Lebensjahr bezahlen Mädchen auch keine Praxisgebühr.

Die **symptothermale Methode** dient der natürlichen Empfängnisverhütung mit einem Pearl-Index von 0,3. Mit ihr bestimmt man die fruchtbaren und unfruchtbaren Tage innerhalb
eines Menstruationszyklus. Dabei misst die Frau ganz diszipliniert täglich jeden Morgen nach dem Aufwachen noch vor dem
Aufstehen ihre Körpertemperatur, beobachtet die hormonell
bedingten Veränderungen des Gebärmutterhalsschleimes und
trägt die Ergebnisse in ein Zyklusblatt ein. Anhand bestimmter
Regeln werden die fruchtbaren Tage bestimmt. Die Methode
hat den Vorteil, dass sie in keiner Weise in das natürliche Kör-
pergeschehen der Frau eingreift. Allerdings muss die Frau bereit sein, sich mit ihrem Körper und dessen aktuellen Körper-
zeichen vertraut zu machen. Faktoren wie zum Beispiel Stress,
fiebrige Erkrankungen, Schmerzmittel, Alkoholkonsum am Vor-
abend und Ähnliches können die Körpertemperatur erhöhen
und so das Ergebnis beeinträchtigen. Wenn eine Frau sich mit

dieser Methode vertraut macht und dabei ihren Körper näher kennenlernt, wird sie bald auch mit diesen Störungen gut umgehen können. Um die symptothermale Methode sicher zu beherrschen, sollte man eine Lernphase von etwa drei Zyklen einplanen. Für junge Frauen ist diese Methode weniger geeignet.

Ein selten eingesetztes Verhütungsmittel für Frauen ist die **Dreimonatsspritze**. Sie wird hauptsächlich dann angewandt, wenn die Frau bestimmte Krankheiten hat oder kein anderes Verhütungsmittel auf Hormonbasis verträgt. Die Spritze verhindert den Eisprung. Die Möglichkeit einer Schwangerschaft liegt gemäß dem Pearl-Index bei 0,3 bis 1,4. Viele Frauen leiden bei dieser Methode unter Zyklus- und Menstruationsstörungen.

Wie das Verhütungspflaster ist der **Vaginalring** eine Alternative zur Pille. Der Pearl-Index liegt bei 0,4 bis 0,65. Diesen weichen Kunststoffring führen Frauen oder Mädchen möglichst tief wie einen Tampon selbst in die Scheide ein. Dort belässt man ihn 21 Tage und er gibt dabei eine gleichmäßige Menge an Hormonen frei, die direkt von der Vaginalschleimhaut aufgenommen wird. Dann wird der Ring entfernt. Zum Entfernen führt die Frau einen Finger ein, fasst an das untere Ende des Ringes und zieht ihn heraus. Dann folgt eine Pause von einer Woche, während dieser Zeit tritt eine Blutung ein. Anschließend wird wieder ein neuer Ring eingeführt. Der Vaginalring eignet sich für Mädchen und Frauen, die die Pille nicht vertragen oder nicht regelmäßig an die Einnahme denken wollen. Ein kostenloser Service des Herstellers erinnert ganz Vergessliche per SMS daran, wenn der Ring eingesetzt bzw. herausgenommen werden muss.

Eine weitere Methode ist die sogenannte **Minipille**, nicht zu verwechseln mit der Antibabypille. Die Minipille enthält nur Gestagen und unterdrückt meistens den Eisprung nicht. Sie macht vielmehr den Schleim im Gebärmutterhals für Samenzellen undurchlässig. Die Minipille muss sehr diszipliniert immer zur gleichen Uhrzeit eingenommen werden, die übliche Einnahmezeit darf nicht um mehr als zwei Stunden überschritten werden. Der Pearl-Index für die Minipille liegt bei richtiger Einnahme bei 0,5 bis 3.

Das **Verhütungspflaster** ist mit einem Pearl-Index von 0,72 bis 0,9 ein sehr sicheres Verhütungsmittel bei gleicher Wirksamkeit wie die Pille (allerdings ist die Versagerquote bei Frauen mit einem Gewicht über 90 kg höher. Das Pflaster wird diesen Frauen deshalb nicht empfohlen.). Es ist hautfarben und misst 4,5 x 4,5 Zentimeter. Das Pflaster kann an verschiedenen Körperstellen aufgeklebt werden, beispielsweise auf eine trockene, saubere, unbehaarte und gesunde Stelle von Bauch, Oberkörper (außer Brust), Po oder die Außenseite des Oberarms. Das Pflaster wird 21 Tage angewendet und alle sieben Tage ausgetauscht: Pro Zyklus sind also drei Pflaster erforderlich. Die letzte Woche ist »pflasterfrei«, hier setzt die Monatsblutung ein. Für Mädchen, die öfters Durchfall oder Erbrechen haben oder die Pille häufiger vergessen, ist das Pflaster sicherer als die Pille. Bis zum 20. Lebensjahr übernehmen die gesetzlichen Krankenkassen die Kosten.

Nach der Antibabypille ist die **Spirale**, auch **Intrauterinpessar** (IUP) genannt, das am zweithäufigsten gewählte Verhütungsmittel. Die Möglichkeit einer Schwangerschaft liegt gemäß dem Pearl-Index bei Kupferspiralen zwischen 0,9 und 3, bei Hormonspiralen bei einem Wert von 0,16. Die Spirale soll

verhindern, dass sich eine befruchtete Eizelle in der Gebärmutter einnistet. Frauenärztin oder Frauenarzt setzen sie in die
Gebärmutter ein, das kann manchmal schmerzen. Die Spirale
besteht aus einem kleinen Stück Kunststoff, das zum Beispiel
geformt ist wie eine »7«, wie ein Hufeisen oder ein »T« und mit
einem dünnen Kupferdraht umwickelt ist. Für junge Mädchen
unter 16 Jahren ist die Spirale nicht das Mittel der ersten Wahl,
denn sie haben mit der Spirale oft wehenartige Unterleibs-
schmerzen und -entzündungen. Der Arzt berät über Risiko und
Nutzen.

Das **Scheiden-Pessar** oder auch **Diaphragma** hat einen
Pearl-Index von 1 bis 20 und wird meistens von Frauen verwendet, die nur ab und zu Geschlechtsverkehr haben. Korrekt angewendet ist das Pessar so zuverlässig wie ein Kondom. Es ähnelt
einem kleinen Gummihut ohne Rand, ist elastisch und faltbar,
sodass es ohne Schwierigkeiten in die Scheide eingeführt werden kann. Dort verschließt es den Muttermund und verhindert,
dass Spermien in die Gebärmutter gelangen. Vor jedem Verkehr muss es mit einer samenabtötenden Creme oder einem
Gel bestrichen werden. Nach dem Geschlechtsverkehr bleibt es
noch sechs bis acht Stunden an seinem Platz. Wenn eine junge
Frau sich für ein Pessar entscheidet, muss sie sich zunächst aus-
führlich von ihrer Ärztin beraten lassen. Da es neun verschiedene Größen gibt, hängt die Zuverlässigkeit der Verhütung von
der korrekten Passgenauigkeit ab. Deshalb
sollte bei jungen Frauen die Pessargröße
alle sechs Monate kontrolliert werden.
Das Pessar muss sehr sorgfältig behandelt und nach jedem Einsatz gründlich
gereinigt werden.

**Chemische Verhütungsmittel** gibt es als Schaumzäpfchen, Salben, Gels, Schaum oder Sprays. Mindestens zehn Minuten vor dem Geschlechtsverkehr führt die Frau sie in die Scheide ein, wo sie sich auflösen und einen zähen Schleim oder Schaum bilden. Dieser verhindert das Eindringen von Samenzellen in die Gebärmutter und tötet sie ab. Die Packungsbeilage muss man unbedingt vorher genau durchlesen, da manche chemischen Verhütungsmittel nicht gleichzeitig mit Kondom oder Pessar verwendet werden dürfen. Aber erst dann wäre ein relativ hoher Empfängnisschutz gegeben. Chemische Verhütungsmittel sind verhältnismäßig unsicher und deshalb als alleinige Verhütungsmethode nicht empfehlenswert. Ohne die Kombination haben sie nur eine geringe Zuverlässigkeit (Pearl-Index 3 bis 21). Bei jedem weiteren Geschlechtsverkehr muss das Mittel von Neuem angewendet werden und bleibt dann immer etwa eine Stunde wirksam. Solche Verhütungsmittel sind meist ganz gut verträglich und können höchstens die Scheidenhaut harmlos reizen oder auch ein leichtes Brennen am Penis verursachen. Als unangenehm empfinden manche Menschen das Wärmegefühl, das dabei entstehen kann.

Die **Kalendermethode** nach Knaus-Ogino ist mit einem Pearl-Index zwischen 9 und 30 als Verhütungsmethode nicht zuverlässig. Bevor Frauen die Knaus-Ogino-Methode praktizieren, müssen sie ihren Zyklus mindestens sechs Monate lang genauestens beobachten.

## Überblick: Verhütungsmethoden und ihre Versagerquote

| Verhütungsmethode | Versagerquote nach Pearl-Index |
|---|---|
| 1 Hormonstäbchen | 0 bis 0,08 |
| 2 Antibabypille | 0,1 bis 0,9 |
| 3 Hormonspirale | 0,16 |
| 4 Symptothermale Methode | 0,3 |
| 5 Dreimonatsspritze | 0,3 bis 1,4 |
| 6 Vaginalring | 0,4 bis 0,65 |
| 7 Minipille | 0,5 bis 3 |
| 8 Verhütungspflaster | 0,72 bis 0,9 |
| 9 Kupferspirale | 0,9 bis 3 |
| 10 Scheiden-Pessar | 1 bis 20 |
| 11 Chemische Verhütungsmittel | 3 bis 21 |
| 12 Kalendermethode | 9 bis 30 |

## Wie können Männer eine Empfängnis verhüten?

Egal wie man es nennt – Präservativ, Pariser, Überzieher, Gummischutz oder Verhüterli –, das Kondom ist das einzige mechanische Verhütungsmittel für den Mann und zugleich der einzige mögliche Schutz vor Geschlechtskrankheiten und Aids. Das Kondom ist eines der ältesten Verhütungsmittel und bei richtiger Verwendung ziemlich sicher: Die Spermien werden einfach aufgefangen. Der Pearl-Index des Kondoms liegt bei 2 bis 12. Die Versagerquote erklärt sich daraus, dass das Kondom häufig unsachgemäß oder zu spät übergezogen wird. Jeder Kondompackung liegt eine Gebrauchsanweisung bei, die dir in Wort und Bild die Handhabung genau erklärt. Mach dich damit im »Trockentraining« vertraut und probiere sie auch öfters aus, bevor du ein Kondom das erste Mal benutzt.

»Mann« spürt das Kondom kaum, da es ungefähr sechsmal dünner ist als die Haut. Kondome gibt es in unterschiedlichen Kondomgrößen von klein über normal bis zu XXL zu kaufen, die sich je nach Hersteller unterscheiden. In der Regel steht auf der Verpackung, für welche Penisgröße sich das Produkt eignet – die Angaben richten sich dabei nach Länge und Umfang. Bei der Wahl der richtigen Kondomgröße solltest du das Produkt nehmen, das am ehesten zu deinen eigenen Maßen passt. Generell gilt, dass das Kondom beim Überziehen keine Unannehmlichkeiten verursachen darf, es muss glatt sitzen, weder zu eng noch zu groß sein. Kondome sind einzeln verpackt. Ist die Packung beschädigt, solltest du die Kondome daraus nicht mehr verwenden. Du kannst Kondome problemlos in Supermärkten, Apotheken, Drogerien oder im Internet ohne Rezept kaufen. Jedes Kondom dürft ihr nur einmal verwenden. Nichts nervt mehr, als wenn man im Eifer des Gefechts die Verpackung nicht aufbekommt oder

dann das Kondom einreißt. Wer das Verhüterli schon vorher ausgepackt bereitlegt, spart sich unnötigen Stress. Die Verpackung öffnet man vorsichtig an der Einkerbung. Mit Schere oder spitzen Fingernägeln könntet ihr das Kondom beschädigen. Auf Innen- und Außenseite achten: Lässt sich das Kondom später nicht leicht abrollen, ist die Richtung falsch, dann nehmt ihr lieber ein neues Kondom, weil beim Aufsetzen auf die Penisspitze bereits Spermien auf dem alten gelandet sein könnten. An der Spitze haben Kondome einen kleinen Hohlraum, das sogenannte Reservoir. Hier sammelt sich nach dem Samenerguss die Flüssigkeit. Beim Überstreifen des Kondoms musst du darauf achten, dass sich am Reservoir keine Luftblase bildet und gleichzeitig genügend Platz bleibt. Dazu hältst du das Kondom am besten mit Daumen und Zeigefinger fest und rollst es mit der anderen Hand vorsichtig und vollständig über den steifen Penis, dessen Vorhaut du zuvor zurückgestreift hast.

Bald nach dem Samenerguss, solange das Glied noch steif ist, hält der Mann das Kondom am Penisansatz fest und zieht es ganz behutsam aus der Scheide heraus. Nur so kann es nicht abrutschen. Jetzt gehört das gebrauchte Kondom in den Abfalleimer. Penis und Hände werden gewaschen, um restliche Spermien komplett zu entfernen.

Verwendet zur besseren Gleitfähigkeit nur wasserlösliche Gleitmittel. Fett- oder ölhaltige Substanzen greifen das Kondom an, sodass es zerreißen kann. Die Kondome sind mit Befeuchtungsmitteln präpariert, die manchmal auch samentötende Substanzen enthalten. Mögliche seltene Nebenwirkungen können Unverträglichkeiten gegen diese Stoffe oder eine Latex-Allergie sein. Dann solltest du mit deinem Arzt sprechen.

**TIPP**

*Verwende nur Markenkondome mit CE-Zeichen. Achte auch auf das Ablaufdatum, denn Kondome bestehen aus Gummi und können altern. Das gilt speziell für Kondome aus Automaten, die ja unter Umständen den ganzen Tag in der prallen Sonne stehen. Hitze macht Kondome porös, sodass sie später, wenn es darauf ankommt, leicht reißen können.*

## Ist Coitus interruptus im Notfall eine gute Verhütungsmethode?

Wörtlich bedeutet Coitus interruptus »unterbrochener Geschlechtsverkehr«; er wird auch »Aufpassen« oder »Rückzieher« genannt. Der Coitus interruptus ist keine Verhütungsmethode, sondern ein »Verfahren«, das allein vom Mann ausgeht: Er zieht sein Glied vor dem Samenerguss, das heißt kurz vor dem Orgasmus, aus der Scheide. Die Methode bietet keinerlei Sicherheit. Ihr Pearl-Index liegt zwischen 10 und 20. Anders gesagt: Wer regelmäßig durch den Coitus interruptus verhütet, bekommt irgendwann mit an Sicherheit grenzender Wahrscheinlichkeit ein Kind. Diese Methode ist auch deshalb so gefährlich, da oft schon vor dem Erguss Samenflüssigkeit aus dem Penis austritt (der sogenannte »Lusttropfen«), in die Scheide gelangt und zur Befruchtung führen kann. Oder der Samenerguss kommt schneller als erwartet. Die Methode, den Penis kurz vor dem Orgasmus aus der Scheide zu ziehen, verlangt vom Mann sehr viel Selbstbeherrschung und eine gute Körperwahrnehmung. Im Eifer des Gefechts, also auch im »Notfall« kann die Kontrolle schnell verloren gehen. Der unterbrochene Verkehr schützt auch nicht vor Geschlechtskrankheiten.

### Was tun im Notfall?

Das Kondom ist gerissen, die Pille wurde erbrochen oder die Verhütung im Überschwang der Gefühle gleich ganz vergessen – Missgeschicke beim Sex können jedem passieren. Ganz gleich, aus welchem Grund es zu ungeschütztem Geschlechtsverkehr gekommen ist: Es gibt ein paar reine Notfalllösungen, mit denen meistens eine ungewollte Schwangerschaft noch verhindert werden kann. Was können deine Freundin und du jetzt tun? Erst einmal Ruhe bewahren und sobald sich der erste Schreck gelegt hat, möglichst rasch einen Termin beim Frauenarzt machen. Falls das nicht möglich ist, wie abends oder am Wochenende, könnt ihr auch den ärztlichen Bereitschaftsdienst konsultieren oder in die Notaufnahme eines nahe gelegenen Krankenhauses gehen. Das Mädchen schildert der Ärztin oder dem Arzt, was passiert ist, und sagt, dass sie nicht schwanger werden möchte. Nun wird man ihr die Möglichkeiten der Notfallverhütung aufzeigen und mit ihr zusammen eine Entscheidung über die richtige Methode treffen. Es gibt zurzeit zwei Methoden: die »Pille danach« und die »Spirale danach«. Die »Pille danach« ist ein hoch dosiertes Hormonpräparat und besteht in der Regel aus ein oder zwei Tabletten, momentan ist sie in zwei Gruppen erhältlich: Die einen Präparate können bis zu 72 Stunden (3 Tage) nach dem ungeschützten Geschlechtsverkehr eingenommen werden, das andere Präparat bis zu 120 Stunden (5 Tage) danach. Je früher diese Pille eingenommen wird, umso höher ist ihre Wirksamkeit. Ihre häufigsten Nebenwirkungen sind Übelkeit, Erbrechen und Kopfschmer-

zen, aber auch Zyklus- und Menstruationsstörungen. Die »Pille danach« kostet zwischen 16 und 18 Euro, bei Frauen bis zum 20. Lebensjahr werden die Kosten von den Krankenkassen übernommen. Die »Spirale danach« muss spätestens bis zum 5. Tag nach einem ungeschützten Geschlechtsverkehr eingelegt werden. Als Nebenwirkungen können krampfartige Schmerzen während und nach dem Einlegen der Spirale und Schmierblutungen auftreten. Die Kosten betragen ca. 130 bis 150 Euro.

Die Wirkung der »Pille danach« besteht im Wesentlichen darin, den Eisprung so zu verhindern oder zu verschieben, dass keine Befruchtung stattfinden kann. Ist es bereits zu einer Befruchtung gekommen, verhindert sie die Einnistung in die Gebärmutter. Nach bereits erfolgter Einnistung der befruchteten Eizelle ist sie nicht mehr wirksam. Das Kupfer in der »Spirale danach« beeinflusst das Milieu in der Gebärmutter und in den Eileitern. Diese Veränderungen stören die Befruchtungsfähigkeit der Spermien und die Einnistung einer befruchteten Eizelle. Diese Methoden gelten nach dem Gesetz noch nicht als Abtreibung, da sich zum Zeitpunkt der Medikamenteneinnahme die Eizelle noch nicht in der Gebärmutter eingenistet hat. (Das passiert fünf bis sechs Tage nach der Befruchtung.)

Die katholische Kirche lehnt diese Lösungen als unethisch ab, weil zu diesem Zeitpunkt durch die Vereinigung von Ei- und Samenzelle bereits ein neuer Mensch entstanden ist.

## Gibt es eigentlich die todsichere Verhütungsmethode?

Die sicherste aller Verhütungsmethoden ist Enthaltsamkeit – ohne Eingriff und ohne Nebenwirkungen. Mit anderen Worten: Die einzige Methode, mit der ihr sicher kein Kind bekommt, ist nicht miteinander schlafen. Über diesen Punkt muss man bei aller Verliebtheit und bei allem Verlangen nach Sex nüchtern nachdenken: Am besten solltet ihr erst dann miteinander schlafen, wenn ihr wirklich als Paar eine Zukunft habt und die Zeugung eines Kindes bei allen Schwierigkeiten nicht das ungeheure Desaster wäre, das sie vielfach darstellt. Denn die wirkliche Katastrophe ist eine Abtreibung. Unverantwortliche Erwachsene nennen das gerne »die Notlösung«; sie tun sogar manchmal so, als sei das eine letzte Form der Verhütung und als tue man einem jungen Paar etwas Gutes, wenn man ihm ganz schnell diesen Weg weist. Unter allen Umständen müsst ihr verhindern, dass ihr in eine solche Situation hineingeratet, denn das geht schneller, als ihr denkt. Gib dich übrigens niemals der Vorstellung hin, Verhütung sei eine Sache deiner Freundin. Du bist selbst voll verantwortlich – nicht nur jetzt, sondern gegebenenfalls dein Leben lang für ein Kind, für das du Alimente zahlen musst.

Eine fast hundertprozentig sichere Methode, die aber für junge Männer nicht infrage kommt, ist die Sterilisation des Mannes mit einem Pearl-Index von rund 0,1. Der Arzt durchtrennt dazu die Samenleiter. Dieser ambulante Eingriff (er kostet etwa 300 bis 400 Euro, was aber vielfach die Kasse übernimmt) wird auch Vasektomie genannt. Danach sind im Ejakulat keine Spermien mehr vorhanden. Die Sterilisation ändert nichts an der Lust auf Sex, an der Versteifung des Penis oder an der Ejakulation. Da der Mann nach diesem Eingriff keine eigenen Kinder mehr zeugen kann, muss seine Familienplanung bereits abgeschlossen sein. Grundsätzlich geht man bei der Vasektomie davon aus, dass sie endgültig ist. Die heutige Mikrochirurgie ist jedoch in der Lage, fast alles rückgängig zu machen, auch eine Vasektomie. Sicher ist das allerdings nicht: Die Erfolgsquote liegt bei etwa 80 Prozent. Doch selbst wenn die sogenannte Refertilisierung (»Wieder-

fruchtbarmachung«) technisch erfolgreich ist, heißt das noch lange nicht, dass man wirklich wieder zeugungsfähig ist. Je länger die Vasektomie zurückliegt, desto unwahrscheinlicher ist ein Erfolg. Die Krankenkasse übernimmt die Kosten für eine Refertilisierung normalerweise nicht; sie bewegen sich im Bereich um die 5000 Euro.

Auch für die Frau ist die Sterilisation zwar eine der sichersten Verhütungsmethoden, aber auch eine endgültige. Nur bei zwei bis drei Frauen von 1000 versagt die Sterilisation. Sie ist kaum rückgängig zu machen. Der Eingriff bewirkt, dass die Eizelle nicht mehr in die Gebärmutter gelangt. Meist unter Vollnarkose werden die Eileiter dazu an einer Stelle verschlossen und oft zusätzlich auch die Abschnitte der Eileiter durchtrennt, in denen die Befruchtung mit den Samenzellen stattfindet.

Menstruationszyklus, Hormonproduktion, Sexualtrieb und die Lust auf Liebe bleiben nach der Sterilisation unverändert. Eine Sterilisation muss sehr gut bedacht sein, da sie einen späteren Kinderwunsch ausschließt. Deshalb eignet sie sich nur für Frauen über 30 mit Kindern und für Frauen ab 35, die keine Kinder haben und auch keine bekommen wollen.

**TIPP**

*Die Suchfunktion »Beratungsstelle in eurer Nähe finden« auf der Internetseite www.schwanger-unter-20.de hilft euch schnell, deine Schwangerschaftsberatungsstelle zu finden.*

⭐ Was kann ich machen, wenn meine Freundin schwanger ist
und wir ein Kind bekommen?

Offen und ehrlich besprechen, wie es weitergehen soll. Zusammenhalten, miteinander reden und auch mit euren Eltern. In aller Regel sind sie nicht weltfremd. Sie wissen, dass so etwas passieren kann. Und sie werden dir nicht den Kopf abreißen. Zusammen könnt ihr euch überlegen und besprechen, welche Schritte zu unternehmen sind.

Du darfst deine Freundin nicht im Stich lassen, denn du bist mitverantwortlich. Jetzt steht ihr plötzlich vor Entscheidungen, die unter Umständen das ganze Leben verändern. Wie soll das denn gehen – in dieser Situation ein Kind austragen? Wollt ihr zusammenbleiben und das Kind behalten oder denkt ihr daran, es zur Adoption freizugeben? Oder seid ihr völlig verzweifelt, sodass euch eine Abtreibung als der einzig mögliche Weg erscheint? Wollt ihr heiraten, damit euer Kind ehelich geboren wird und in einer gesetzlich anerkannten Familie aufwächst? Die Anforderungen sind enorm. Ein Kind braucht Zuwendung, Fürsorge, Liebe, Geborgenheit und am besten die eigenen Eltern. Zuletzt kann euch niemand diese Entscheidung abnehmen. Aber ihr müsst euch optimal beraten lassen.

Ganz schlimm ist es, wenn der Junge sich in dieser Situation unfair verhält, das Mädchen allein lässt oder unter Druck setzt und zur Abtreibung nötigt. Das passiert leider allzu häufig. In einer solchen Situation zeigt sich, ob du ein ganzer Kerl bist. Deshalb geht schnellstens zusammen zu einer Beratungsstelle.

### Mit wem sollen wir bei einer ungewollten Schwangerschaft reden?

Du kannst auch mit deinem besten Freund, einem Arzt, dem Pfarrer sprechen oder zu einer Beratungsstelle in deiner Stadt gehen. Rat und Hilfe bieten zum Beispiel das Gesundheitsamt (Stelle »Hilfe für Mutter und Kind«), der Sozialdienst katholischer Frauen, die Stiftung Donum vitae, die Ehe-, Familien- und Lebensberatung der Diözese oder die Evangelische Beratungsstelle für Eltern-, Jugend- und Lebensfragen an, deren Nummer du im Telefonbuch findest.

Die Träger der Beratungsstellen sind (siehe auch Telefonbuch): Arbeiterwohlfahrt, Caritas, Deutscher Paritätischer Wohlfahrtsverband, Diakonisches Werk.

Du kannst dich auch an »pro familia« wenden, obwohl man dort in der Regel sehr rasch mit der Möglichkeit einer Abtreibung bei der Hand ist.

Dort wird mit euch konstruktiv und unter absoluter Schweigepflicht über die Situation gesprochen und ihr könnt euch auch über alle weiteren Schritte informieren.

### Wie viel Verantwortung habe ich, wenn meine Freundin schwanger ist?

Du bist genauso verantwortlich wie sie, auch wenn die »Panne« auf ihr Konto gehen sollte – mit einem Unterschied. Als unverheirateter Vater hast du geringe Rechte, aber umso mehr Pflichten, zum Beispiel eine Unterhaltspflicht. Manche Jungen meinen, die Schwangerschaft sei das Problem des Mädchens und außerdem wären sie überhaupt noch viel zu jung, um Vater zu werden und die

Verantwortung für ein Baby zu übernehmen. Mit derlei faden-scheinigen Ausreden verlassen sie ihre Freundin oder drängen sie zur Abtreibung. Aber was ist mit dem Mädchen, das eigentlich auch zu jung ist, um Mutter zu werden? Von der Charakterlosigkeit eines derartigen Verhaltens mal abgesehen, die Vaterschaft lässt sich heute mit Blut- oder Gentests hundertprozentig nachweisen. Ableugnen hilft also auch nicht weiter.

## Abtreibung: Was passiert bei einem Schwangerschaftsabbruch?

Eine der gebräuchlichsten Möglichkeiten, die Schwangerschaft chirurgisch zu beenden, ist das operative Absaugen. Medizinisch gesehen gibt es die wenigsten Komplikationen in der achten bis zehnten Schwangerschaftswoche.

Beim Absaugen hat die Patientin die Wahl zwischen einem Eingriff mit örtlicher Betäubung oder unter Vollnarkose. Während der Narkose reinigt der Arzt die Scheide und erweitert den Muttermund langsam. Dann schiebt er ein dünnes Röhrchen, das mit einer Saugpumpe verbunden ist, in die Gebärmutter ein. Damit kann er den Embryo und den Mutterkuchen absaugen. Dieser Eingriff dauert etwa zehn bis fünfzehn Minuten. Um Gewebereste vollständig zu entfernen, kann der Arzt die Gebärmutter anschließend ausschaben. Meist werden die Patientinnen ambulant versorgt und dürfen nach ein paar Stunden wieder nach Hause. Zwei bis drei Tage nach dem Eingriff sind Schonung und Ruhe nötig. Etwa zwei Wochen später findet eine medizinische Nachuntersuchung statt.

Eine Alternative zum chirurgischen Eingriff ist der medikamentöse Schwangerschaftsabbruch per Abtreibungspille. Er darf nur unter strenger ärztlicher Kontrolle in dafür zugelassenen Kliniken oder Arztpraxen durchgeführt werden. Der Pillenwirkstoff sorgt dafür, dass die in der Gebärmutter eingenistete Eizelle abgestoßen wird. Dieser Eingriff kann schon zu einem Zeitpunkt vorgenommen werden, zu dem die Absaugmethode noch nicht infrage kommt. Seit Juli 2008 ist der medikamentöse Schwangerschaftsabbruch bis zur neunten Schwangerschaftswoche (63. Tag nach dem Beginn der letzten Regelblutung) erlaubt.

## Was tun, wenn ich für Abtreibung bin, aber meine Freundin das Kind austragen will?

Die Entscheidung, das Kind auszutragen, liegt allein bei deiner Freundin. Du darfst ihr keine Vorschriften machen und sie auch nicht zur Abtreibung drängen. Manche jungen Männer glauben, durch eine Abtreibung ließe sich alles wieder ungeschehen machen. Das stimmt aber ganz und gar nicht. Abgesehen davon, dass eine Abtreibung ein chirurgischer Eingriff ist und einige Risiken mit sich bringt, leiden viele Frauen ein Leben lang unter der Schuld, ihrem Kind keine Chance zum Leben gegeben zu haben. Dass das Verhältnis zwischen dir und deiner Freundin wieder so wird wie früher, darfst du auch kaum erwarten, wenn du dich derart schäbig aus der Verantwortung stehlen willst. Wie kann sich eine Frau voll und ganz auf dich verlassen, wenn du sie in dieser Situation im Stich lässt?

Es ist verständlich, dass dich angesichts einer ungewollten Schwangerschaft erst einmal Zukunftsängste überfallen. Trotzdem solltest du deine Mitverantwortung anerkennen und deine Freundin zum Gespräch bei einer Beratungsstelle begleiten. Dort wird man euch Wege zeigen, wie ihr auch ohne eine Abtreibung mit ihren unabsehbaren gesundheitlichen und psychischen Folgen zurecht-kommen könnt. Wenn du dann noch vor deinen Eltern und vor denen deiner Freundin zu deiner Verantwortung stehst, statt dich feige zu drücken, werden sie sicher deine Haltung zu schätzen wissen und euch unterstützen.

## Was tun, wenn meine Freundin abtreiben will, ich aber dagegen bin?

Allein die Schwangere entscheidet, ob sie abtreiben will oder nicht. Du kannst weder mitbestimmen noch Druck ausüben. Aber du könntest gemeinsam mit deiner Freundin zum Termin bei der Schwangerschaftskonfliktberatung gehen, damit ihr noch einmal ins Gespräch kommt. Dabei kannst du deiner Freundin noch einmal plausibel machen, weshalb sie vielleicht auf eine Abtreibung verzichten sollte. Unter Umständen hat sie nur auf ein entschlossenes Wort von dir gewartet.

## Wann ist ein Schwangerschaftsabbruch erlaubt?

Sicherlich hast du in den Medien verfolgt, dass beim Thema Schwangerschaftsabbruch in unserer Gesellschaft die Meinungen weit auseinandergehen. Schon allein das Wort »Schwangerschaftsabbruch« halten viele Menschen für eine unzulässige Beschönigung. Fakt ist, dass hier das Leben eines Kindes – und nicht ein bestimmter Zustand einer Frau – beendet wird. Das weiß auch der Staat, der nach seiner Verfassung dazu verpflichtet ist, das Leben seiner Bürger als höchstes Rechtsgut zu schützen. Wegen des Problems der illegalen Abtreibungen haben sich unsere höchsten

Verfassungsrichter in Deutschland aber zu einer sehr komplizierten Gesetzgebung entschlossen: Abtreibung ist weiterhin ungesetzlich; sie bleibt aber unter bestimmten Bedingungen straffrei. Das ungeborene Kind hat ein Recht auf Leben, das vom Staat von Anfang an geschützt wird. Erlaubt ist deshalb ein Schwangerschaftsabbruch im eigentlichen Sinne nie, und weil er ein menschliches Leben zerstört, ist er grundsätzlich ein Unrecht. Aber es gibt verschiedene rechtliche Abstufungen. Wer eine Schwangerschaft abbricht, so heißt es im Strafgesetzbuch, wird mit Freiheitsstrafe bis zu drei Jahren oder mit Geldstrafe bestraft. Der an sich rechtswidrige Schwangerschaftsabbruch bleibt in Deutschland nur dann straffrei, wenn die folgenden Bedingungen erfüllt sind:

★ Die Frau hat den Abbruch gegenüber der Ärztin oder dem Arzt selbst verlangt.
★ Sie kann eine fachkundige Beratung bei einer der anerkannten Beratungsstellen gegenüber der Ärztin oder dem Arzt nachweisen.
★ Zwischen dieser Beratung und dem Abbruch liegen mindestens drei Tage.
★ Zwischen der Empfängnis und dem Schwangerschaftsabbruch sind nicht mehr als zwölf Wochen verstrichen.

Frauen, die ungewollt schwanger werden, können in eine Krise geraten, die alle Bereiche ihres Lebens berührt. Die Beratung hat daher den gesetzlichen Auftrag, den betroffenen Mädchen und Frauen zuallererst Wege für ein Leben mit dem Kind aufzuzeigen. Die Beraterinnen und Berater vermitteln ihnen die dafür nötigen Hilfen und unterstützen sie dabei, alle Gesichtspunkte ihres folgenschweren und verantwortungsvollen Schrittes noch einmal zu überdenken. In der Praxis bietet die Beratung ausführliche medizinische Informationen. Die Frau erfährt das Wesentliche über

ihre Rechtsansprüche und Hilfsangebote und wer sie dabei unterstützt, diese Ansprüche auch durchzusetzen. Außerdem vermitteln die Beraterinnen und Berater konkrete Hilfe bei der Wohnungssuche und der Kinderbetreuung und suchen nach Möglichkeiten, wie die Schwangere gegebenenfalls ihre Ausbildung beenden kann.

Die Beratung hat den gesetzlichen Auftrag, für das Kind zu sprechen, trotzdem soll die Frau nicht bevormundet, einseitig beeinflusst oder bedrängt werden. Die letzte Entscheidung trifft sie ganz alleine. Diese Beratung ist zugleich eine der Voraussetzungen für einen straffreien Schwangerschaftsabbruch. Wenn das Gespräch abgeschlossen ist und alle Möglichkeiten der Konfliktberatung ausgeschöpft sind, stellt die Beratungsstelle auf den Wunsch der Frau hin eine Bescheinigung aus, die ihre Schwangerschaftskonfliktberatung bestätigt.

Die Beratung ist kostenlos und dauert in der Regel eine Stunde, kann aber auf Wunsch fortgesetzt oder wiederholt werden. Man kann auch mehrere Beratungsstellen aufsuchen. Die kirchlichen Stellen (die jedermann beraten, auch Menschen ohne kirchliche Bindung) bieten für den Fall, dass eine Frau sich für ihr Kind entscheidet, noch weiter gehende, auch materielle Hilfe an. Die Frau kann auf Wunsch gegenüber der Beraterin anonym bleiben.

## Schaffe ich das – Vater zu sein?

Was für die meisten Grund zur Freude ist, löst bei manchen ein Chaos der Gefühle aus und bringt einen Berg scheinbar unlösbarer Probleme mit sich: Wovon soll ich mit der Freundin und dem Baby leben? Kann ich die Ausbildung oder Schule fortsetzen? Hält unsere Beziehung das Kind aus? Kann ich dem Druck des

Partners, der Familie standhalten oder muss ich nachgeben? Oft fällt dann die Entscheidung gegen ein Kind aus dem Gefühl der Ausweglosigkeit heraus und in Unkenntnis der möglichen Hilfen. Deshalb ist es außerordentlich wichtig, dass du mit deiner Freundin in so einem Fall eine der Beratungsstellen besuchst. Schwangerenberatungsstellen, Gesundheitsämter, Ämter für Versorgung und Familienförderung, Sozialämter oder die gesetzlichen Krankenkassen können euch auf jeden Fall weiterhelfen. Sie können wirksame Hilfe zusichern, euch bei Antragstellung oder der Zusammenarbeit mit anderen Ämtern und Institutionen begleiten und gemeinsam mit euch neue Perspektiven entwickeln.

**TIPP**

Hier findest du praktische Checklisten und Planer für Mutter und Vater, die dir helfen, dein Leben mit Kind gut vorzubereiten:
http://www.schwanger-unter-20.de/schwangerschaft-und-geburt/checklisten-und-planer/

# KAPITEL 8

Kein Tabu: Anders sein

## Schwul? Lesbisch? Was ist das?

Die Begriffe »schwul« und »lesbisch« kennzeichnen männliche beziehungsweise weibliche Homosexualität. Einen Mann, der sich sexuell hauptsächlich für Männer interessiert, bezeichnet man umgangssprachlich als schwul. Eine Frau, die sich sexuell hauptsächlich für Frauen interessiert, nennt man lesbisch. Diese beiden Begriffe, die früher als Schimpfworte gebraucht wurden, haben sich heute im allgemeinen Sprachgebrauch durchgesetzt.

> ### Was heißt eigentlich ...
>
> **... homosexuell und heterosexuell?** Die meisten Menschen sind sexuell auf das andere Geschlecht gepolt, sie sind heterosexuell. Das altgriechische *heteros* bedeutet »anders, verschieden«, *homoios* dagegen meint »gleich«.
>
> **... lesbisch?** Das Adjektiv lesbisch bezieht sich auf die griechische Insel Lesbos. Dort scharte Sappho (um 650 bis 590 v.Chr.), die größte Lyrikerin des Altertums, einen Kreis junger Mädchen im heiratsfähigen Alter um sich. Diese unterrichtete sie in Poesie, Musik, Gesang, Tanz und angeblich auch in der Liebe.

Ob in einer Gesellschaft Homosexualität als natürlich oder abnormal gesehen wird, hängt von den jeweiligen kulturellen Normen ab. In unserem Kulturraum galt Homosexualität lange Zeit als Tabu, als unnatürlich, krankhaft und kriminell. Im heutigen Werte- und Normenwandel, der auch in den Bereichen Sexualität und Partnerschaft um sich greift, wird die sexuelle Prägung immer mehr akzeptiert. Es hat sich die Einsicht durchgesetzt, dass man keinen Menschen deshalb verurteilen darf, weil er anders empfindet als andere.

### Ist Homosexualität angeboren?

Die Frage, warum der eine Mensch eine heterosexuelle, ein anderer eine homosexuelle Orientierung ausformt, kann man bisher nicht genau beantworten. Als sicher gilt, dass es keine Frage der Entscheidung ist, ob man lesbisch bzw. schwul oder heterosexuell ist. Sämtliche Versuche, eine vermutete Ursache für Homosexualität wissenschaftlich zu beweisen, sind bisher gescheitert. Man weiß also noch immer nicht genau, worin die Ursachen dafür liegen, dass sich ein Mann in einen Mann und eine Frau in eine Frau verliebt. Bis heute streiten sich Wissenschaft, Forschung, Medizin und Psychologie, durch welche möglichen Auslöser Homosexualität hervorgerufen wird. Es gibt immer noch keine eindeutigen wissenschaftlichen Erkenntnisse darüber. Aber man hat versucht, über verschiedene Theorien eine Erklärung zu finden. Die eine Richtung in der Wissenschaft nimmt an, dass die menschlichen Gene für eine homosexuelle Prägung verantwortlich sind. Das würde bedeuten, dass die Anlagen zur Gleichgeschlechtlichkeit vererbt werden können. Das andere Erklärungsmodell vermutet die Ursachen für die Homosexualität in der individuellen

Entwicklungsgeschichte eines Menschen und hier besonders in den frühen und prägenden Phasen wie zum Beispiel der Pubertät. Es gibt gewisse Entwicklungsphasen, in denen sowohl Mädchen als auch Jungen ansatzweise Neigungen zum eigenen Geschlecht haben. Manche fühlen sich nur eine Zeit lang vom eigenen Geschlecht angezogen, bei anderen bleibt das immer so. »Ausprobieren« ist sicher nicht das Mittel der Wahl. Das Alter, in dem die meisten jungen Menschen ihre (wirkliche) sexuelle Ausrichtung kennenlernen, liegt bei Jungen zwischen 14 und 16, bei Mädchen zwischen 16 und 19 Jahren. Viele Psychologen und Psychiater sind der Meinung, dass die sexuelle Orientierung nicht eine bewusste Wahl ist und folglich auch nicht willentlich geändert werden kann. Man hat getestet, ob sich die homosexuelle Orientierung verändern, also sozusagen »umpolen« lässt. Doch sämtliche psychotherapeutischen und psychiatrischen Versuche sind gescheitert. Im Gegensatz zu früher ist heute klar, dass es sich dabei nicht um eine Krankheit handelt, die durch eine Therapie behoben werden kann. Bis 1992 galt Homosexualität in den Augen der Weltgesundheitsorganisation (WHO) nämlich noch als Krankheit. Erst dann wurde sie aus dem »Krankheiten-Katalog« gestrichen. Zehn Jahre später – ab 2001 – können homosexuelle Menschen eingetragene Lebenspartnerschaften eingehen.

## Was ist, wenn ich homosexuelle Neigungen bei mir entdecke?

Viele Menschen haben im Verlauf ihrer ganz normalen Entwicklung vom Kind zum Erwachsenen gewisse homosexuelle Tendenzen. Dazu gehören auch homosexuelle Fantasien, Aktivitäten und Erfahrungen in der Kindheit und Jugend. Das ist die sogenannte

Entwicklungshomosexualität in der Pubertät. Sowohl Mädchen als auch Jungen vergleichen sich dann nicht nur körperlich untereinander, sondern nehmen manchmal auch Intimhandlungen mit Geschlechtsgenossen vor.

Das ist normal, denn etwa zur gleichen Zeit erwacht meist auch das Interesse für das andere Geschlecht. Bei einigen Jugendlichen erwacht das erste sexuelle Interesse auf gleichgeschlechtlicher Ebene, das heißt mit Geschwistern, Nachbarskindern, der besten Freundin, dem besten Freund oder mit Klassenkameraden. Aber meistens ist keiner dieser Kontakte wirklich homosexuell.

Wenn du meinst, tatsächlich und auf Dauer homosexuelle Neigungen bei dir zu entdecken, die darüber hinaus gehen, solltest du dich mit diesen Gedanken nicht allein befassen. Es gibt eine Vielzahl von Möglichkeiten, sich Klarheit zu verschaffen, Hilfe zu holen und über deine Entdeckung zu sprechen. Vielleicht kannst du deine Eltern darüber ins Vertrauen ziehen, dass du über deine sexuelle Orientierung unsicher geworden bist. Versuche sensibel vorzugehen.

Sprich mit guten Freunden über deine Situation oder wende dich an die Beraterinnen und Berater von Erziehungs-, Familien-, Sexual- und Lebensberatungsstellen.

### Gibt es Männerfreundschaften, die nichts mit Homosexualität zu tun haben?

Natürlich, unbedingt! Freundschaft, auch tiefe Freundschaft, braucht keine sexuellen Bestandteile. Freundschaft bedeutet gegenseitige Achtung und Verantwortung, Vertrauen, Hilfe, Anziehung, eine verbindliche Orientierung, Zuneigung und so manches mehr. Der beste Freund ist eine äußerst wichtige Bezugsperson

und Vertrauter für dich. In einer guten Freundschaft könnt ihr euch gegenseitig motivieren und stärken. Und vielleicht hält sie bis ins hohe Alter! Mit Homosexualität hat das im Allgemeinen nichts zu tun.

## Händchen haltende Mädchen – sind die lesbisch?

Mädchen haben oft enge Freundschaften mit anderen Mädchen. Sie sprechen mit ihnen über ihre Geheimnisse, Wünsche und Schwärme. Dazu gehört auch, dass sie untereinander Gefühle zeigen, sich einfühlsam für die Nöte der Freundin interessieren und einander Trost und Stärke geben. Körperkontakt wie das Händchenhalten ist nur eine Art, diese Verbundenheit zu zeigen. Die innigen Mädchenverbindungen ersetzen oft die Beziehungen zum anderen Geschlecht, zu den Jungen. Denn die Mädchen wollen die Jungen zwar kennenlernen, fürchten sich aber gleichzeitig auch davor. Mädchen, die enge Mädchenfreundschaften unterhalten, sind deshalb noch lange nicht lesbisch.
Es gibt übrigens auch Kulturen, in denen das »Händchenhalten« auf der Straße sogar zwischen erwachsenen Männern üblich ist – und zwar zwischen Männern, denen eine homosexuelle Beziehung nie in den Sinn käme.

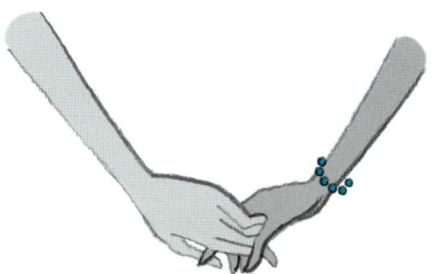

## Was ist ein Coming-out?

Das »Coming-out« – »Herauskommen« oder »Heraustreten« – bedeutet, dass etwas öffentlich gemacht wird, was vorher niemandem bekannt war. Dieser Begriff bezeichnet meistens den folgenden Prozess: Homosexuelle nehmen ihre sexuelle Orientierung wahr und bekennen sich öffentlich zu ihrer Veranlagung. Diese Klärung der eigenen Gefühle und Bedürfnisse beginnt häufig in der Pubertät und kann viele Jahre dauern, bei manchen sogar ein ganzes Leben lang.

> **TIPP**
>
> *Für Jugendliche gibt es in den deutschen Großstädten oft Jugendzentren, die sich speziell auf junge Schwule und Lesben und deren Probleme mit dem Coming-out eingestellt haben.*

## Ein bisschen »bi« – kann man erotische Neigungen für beide Geschlechter haben?

Bisexualität bedeutet Zweigeschlechtlichkeit. Bisexuell – kurz »bi« – bist du, wenn dich sowohl Jungen als auch Mädchen körperlich anziehen, wenn du dich in beiderlei Geschlecht in gleicher Weise verliebst und mit jedem von ihnen ins Bett möchtest. Viele Bisexuelle leben in bürgerlichen Existenzen und gehen ihrer Neigung heimlich nach. Ebenso wie bei der Homosexualität sind die Ursachen der Bisexualität noch nicht geklärt. Es existieren biologische und psychoanalytische Erklärungsmodelle.

# KAPITEL 9

Horror:
Wenn Sex zum Albtraum wird

## Ist Geschlechtsverkehr gefährlich?

In vielen Kulturen der Menschheit wird die Sexualität geschützt und in den Raum verwiesen, in dem Mann und Frau auf Dauer zusammenbleiben möchten, nämlich in der Ehe. Das hat den guten Sinn, dass Mann und Frau vor vielen sexuellen Katastrophen geschützt sind. Es gibt keine Gefahr von Geschlechtskrankheiten und vor allem ein Kind ist dann kein Verhängnis mehr, sondern ein wunderbares Geschenk. Wenn sich Junge und Mädchen heute entschließen, auch vor der Ehe miteinander intim zu werden, müssen sie wissen, dass sie damit auch eine große Verantwortung für sich und den Partner übernehmen.

Geschlechtsverkehr, also miteinander schlafen, ist einerseits etwas Wunderbares, aber es ist auch nicht ungefährlich. Und das auf ganz verschiedene Weise: Du kannst dich mit einer Geschlechtskrankheit anstecken, deine Freundin kann ungewollt schwanger werden und du kannst dir psychische Probleme einhandeln.

Schlafe nur dann mit jemandem, wenn du dich wirklich bereit dazu fühlst und wenn du richtig geschützt bist. Es ist wichtig, dass du offen mit deiner Freundin darüber sprichst, was du möchtest und was dir guttut. »Jungfrau« zu sein, ist auch für einen Jungen keine Schande, sondern deine persönliche Entscheidung. Du und nur du allein bestimmst über deinen Körper. Lass dich nicht auf

Intimitäten ein, nur weil du glaubst, dass sie irgendjemand von dir erwartet. Da kann schnell in dir das Gefühl hochkommen, dass du gar nicht als Person mit deinen Gefühlen und Wünschen respektiert wirst. Du könntest dich benutzt oder verletzt fühlen. In so einem Fall schadet Geschlechtsverkehr deiner Psyche. Und das ist auf lange Sicht gesehen ganz schön mies.

Was dir vielleicht aber bei der Frage nach der Gefährlichkeit als Erstes in den Sinn kommt, ist, dass Geschlechtsverkehr deinen Körper gefährdet. Wenn du mit jemandem schläfst, besteht immer das Risiko, dich mit einer Geschlechtskrankheit anzustecken. Geschlechtskrankheiten sind Infektionskrankheiten, die besonders beim Sex übertragen werden. Euer Ansteckungsrisiko ist gering, wenn ihr beide nicht infizierte, treue Partner seid, die keine sexuelle Vorgeschichte haben. Aber darüber müsst ihr sprechen, bevor ihr miteinander ins Bett geht!

## Wie bekommt man Geschlechtskrankheiten?

Geschlechtskrankheiten kannst du beim sexuellen Kontakt mit einer infizierten Partnerin bekommen, und zwar, wenn ihr ungeschützt, also ohne Kondom, miteinander schlaft. Ungeschützter Geschlechtsverkehr über Mund, Scheide oder Darm ist eine Einladung für ungehinderte Ansteckung.

Riskant ist es besonders, wenn du häufig deine Partnerinnen wechselst. Achte auch darauf, deinen Intimbereich täglich zu waschen und jeden Tag frische Unterwäsche anzuziehen. Milde Seife und Wasser reichen zur Reinigung völlig aus. Trockne dich danach gut ab. Auch das schützt vor Infektionen, weil du es den Krankheitserregern nicht so leicht machst. Das Risiko lässt sich ganz stark reduzieren, indem ihr ein Kondom benutzt.

★ Woran merkt man, dass man sich etwas »geholt« hat, und was kann man dagegen unternehmen?

Wenn du ein Weilchen nach dem Geschlechtsverkehr bemerkst, dass dein Penis juckt oder brennt (auch beim Pinkeln), dann kannst du davon ausgehen, dass du dich angesteckt hast. Diese Gefahr besteht auch bei blutigen und/oder schleimigen Beimengungen im Kot, wenn du ein länger anhaltendes Druckgefühl im Bauch spürst, wenn du dich immer abgeschlagen oder müde fühlst, sowie bei Hautausschlägen oder Warzenbildung im Genital- oder Analbereich.

In solchen Fällen müsst ihr unbedingt zum Arzt! Und zwar alle beide. Jungen gehen zum Urologen, Mädchen zum Frauenarzt. Denn ganz egal, welche Krankheit bei der Untersuchung festgestellt wird: Lässt sich nur der eine behandeln, steckt ihr euch immer wieder gegenseitig an. Pingpong! Auch während der gemeinsamen Behandlung ist Geschlechtsverkehr für euch tabu. Bevor ihr wieder miteinander schlafen könnt, muss der Arzt erst Entwarnung geben. Übrigens unterliegt der Arzt der Schweigepflicht, die er nur dann brechen muss, wenn einer der Patienten die laufende Behandlung beispielsweise von Gonorrhöe oder Syphilis beendet. Den Namen muss der Arzt beim Gesundheitsamt melden.

★ Welche Geschlechtskrankheiten gibt es?

Die Liste liest sich ziemlich schauderhaft: Infektionen mit Feigwarzen bzw. Chlamydien, Gonorrhöe oder auch Tripper, Herpes genitalis, Syphilis, Weicher Schanker, Pilzinfekte bis hin zu HIV (Aids). Hier ein paar Beispiele, wie die Krankheiten aussehen und verlaufen können:

Kugelförmige Bakterien, die **Chlamydien**, sind die häufigste Ursache für Geschlechtskrankheiten. Sowohl Frauen als auch Männer können sich mit Chlamydien infizieren. Viele der Angesteckten bemerken gar nicht, dass sie krank sind, weil man sich infizieren kann, ohne Beschwerden zu bekommen. Dabei ist das Risiko einer chronischen Krankheit enorm. Lässt du dich nicht dagegen behandeln, handelst du dir unter Umständen schwere Folgen ein – das geht bis hin zur Unfruchtbarkeit. Wenn sich Beschwerden bemerkbar machen, hast du bei Chlamydien Ausfluss, pochende Schmerzen im Unterleib oder ein brennendes Gefühl in den Geschlechtsorganen beim Wasserlassen. Chlamydien bekommt man gut mit einem Antibiotikum in den Griff.

Auch die heute eher seltene **Gonorrhöe** (auch **Tripper** genannt) verläuft oft vollkommen schmerzfrei. Allerdings kommt es manchmal zu gelblich weißem Ausfluss und Beschwerden beim Wasserlassen. Wer die Gonorrhöe verschleppt, riskiert Unfruchtbarkeit.

Bei **Herpes genitalis** entwickeln sich Gruppen von Bläschen an den Geschlechtsteilen, am After oder auch in der Mundhöhle. Die Bläschen enthalten Flüssigkeit und sitzen auf einem roten Untergrund. Sie können stark jucken oder schmerzhaft sein, gleichzeitig hat man Fieber oder geschwollene Lymphknoten. Die Bläschen verheilen von selbst, können aber immer wieder kommen. Herpes genitalis ist nicht heilbar und du bleibst für den Rest deines Lebens eine Ansteckungsgefahr für andere.

Syphilis ist eine besonders gefährliche Geschlechtskrankheit. Hast du dich einmal angesteckt, können sich die Bakterien über die Blutbahn in deinem Körper ausbreiten und beispielsweise Probleme im Herzen, im Gehirn und im Rückenmark verursachen. Die unbehandelte Krankheit kommt scheinbar zum Stillstand und taucht dann nach 20 Jahren mit gefährlichsten Komplikationen wieder auf. Früher, als man diese Krankheit noch nicht richtig be-

handeln konnte, sind viele Menschen an der Syphilis gestorben. Wenn du rechtzeitig mit dieser Krankheit zum Arzt gehst, kann er sie in den Anfangsstadien mit Penicillin bekämpfen.

## Was genau ist Aids?

Aids bezeichnet keine einzelne Krankheit, sondern eine ganze Sammlung verschiedener Symptome und Infektionen, die nur deshalb entstehen können, weil das HI-Virus bestimmte weiße Blutkörperchen, die T-Helferzellen, zerstört. Damit geht Schritt für Schritt das Immunsystem des Menschen kaputt. Das HI-Virus befällt die Zellen des Abwehrsystems, vermehrt sich in ihnen, setzt sie außer Gefecht und zerstört sie am Ende. Infektionen, die ein gesunder Mensch vielleicht nicht einmal bemerkt, können bei HIV im Blut zu schweren Entzündungen der Organe führen. Das ist manchmal auf die kurze oder die lange Distanz tödlich.

> **Was heißt eigentlich ...**
> **... Aids?** Aids ist die Abkürzung für das englische *Acquired Immune Deficiency Syndrome.* Übersetzt heißt das ungefähr »Krankheitsbild der erworbenen Abwehrschwäche«.
> **... HIV?** Die Abkürzung HIV kommt aus dem Englischen und bedeutet *Human Immunodeficiency Virus,* auf Deutsch etwa »menschliches Immunabwehrmangel-Virus«.

Also: Zuerst infiziert man sich mit dem HI-Virus und dann erst entwickelt sich Aids wegen der Immunabwehrschwäche. Das

körpereigene Abwehrsystem kämpft zwar mit Abwehrstoffen (Antikörpern) gegen das eingedrungene Virus, es ist aber machtlos und kann HIV nicht aus dem Körper entfernen. Dann haben Krankheiten wie Tuberkulose, Lungenentzündung, Hautkrebs (z.B. das Karposi-Sarkom), Lymphdrüsenkrebs oder Gehirnentzündungen leichtes Spiel. HIV/Aids ist bislang nicht heilbar. Geschätzt wird, dass zurzeit weltweit rund 33 Millionen Menschen mit dem Virus infiziert sind, davon in Deutschland knapp 64 000. Etwa drei Viertel der Infizierten sind Männer, etwa ein Viertel Frauen.

## Wie kann man Aids bekommen?

Aids ist eine Krankheit, die hauptsächlich sexuell übertragen wird. Das HI-Virus treibt sich nämlich am liebsten im Blut und in der Samen- oder Scheidenflüssigkeit eines infizierten Menschen herum. Im Speichel, Urin, Kot und in Tränen sind die Virusmengen für eine Ansteckung zu gering. Jetzt muss das Virus einen Weg finden, um in die Blutbahn eines anderen Menschen zu gelangen. Das ist schnell passiert und im Grunde ist niemand vom Risiko einer HIV-Infektion ausgeschlossen.
Es gibt verschiedene Übertragungsmöglichkeiten. Beim Geschlechtsverkehr zum Beispiel kann das Virus über die Schleimhäute von Scheide, Penis und Enddarm oder über die Mundschleimhaut (wenn Sperma in den Mund kommt) in den Körper des Partners gelangen. Sind die Schleimhäute verletzt oder entzündet, erhöht das das Risiko. Deswegen bist du extrem gefährdet, wenn du ungeschützten Sex hast – also ohne Kondom. Wenn du ungeschützten Geschlechtsverkehr während der Monatsblutung deiner Partnerin hast, erhöhst du noch dein Ansteckungsrisiko.

Solltest du selbst infiziert sein, kann HIV mithilfe deiner Samenflüssigkeit durch die verletzte Schleimhaut der Gebärmutter in die Blutbahn deiner Freundin gelangen.

Anfangs wurden vor allem homo- und bisexuelle Männer und Drogenabhängige krank. Jetzt nimmt aber der Übertragungsweg zwischen Mann und Frau zu. Auch Fixer, die ihre Spritzen und Nadeln teilen, leben riskant. Einmalspritzen und Einmalnadeln gibt es in jeder Apotheke und Drogenhilfe-Einrichtung. HIV-infizierte Mütter können ihr Kind im Mutterleib, während der Geburt und beim Stillen anstecken.

### Wie kann ich mich und meine Partnerin vor Aids schützen?

Dein einziger echter Schutz vor einer HIV-Infektion ist, dass du eine Ansteckung vermeidest. Das beste Mittel gegen Aids ist Treue. Einen absoluten Schutz gibt es nur, wenn zwei nicht infizierte Partner einander vollständig und lebenslang treu sind. Alles andere gehört nur zu den zweitbesten Möglichkeiten. Wenn du dazu nicht bereit bist, halte dich an Folgendes:

★ Besprich dich unbedingt mit deiner Freundin.
★ Praktiziere Safer Sex und schütze dich beim Sex mit Kondomen. Immer.
★ Beim Zusammensein mit einer neuen Sexualpartnerin solltest du unbedingt ein Kondom benutzen, so könnt ihr das Risiko deutlich verringern. Oder ihr praktiziert Safer Sex (siehe Kapitel 6 »Was habe ich mit Safer Sex am Hut, ich bin doch nicht schwul?«, S. 136).

**TIPP**

*Bevor du in einem Notfall Erste Hilfe leistest, nimm dir aus dem Erste-Hilfe-Kasten immer die Schutzhandschuhe und verwende bei Mund-zu-Nase-Beatmung eine einfache Mundmaske. Wenn du Blut auf ungeschützte Hautflächen bekommst, kannst du das HI-Virus mit 70-prozentigem Isopropyl-Alkohol schachmatt setzen.*

## Wo finde ich eine Aids-Beratung?
## Wo kann ich einen HIV-Test machen lassen?

Es gibt viele Stellen, an die du dich mit allen Fragen, die du zu Aids hast, wenden kannst: an jeden niedergelassenen Arzt oder an die freien und kirchlichen Aids-Beratungsstellen, an die Aids-Hilfe oder an das Gesundheitsamt in deiner Stadt. Die Aids-Hilfe in Deutschland bietet bundesweit unter der 0180 3319411 eine Telefonberatung an oder du rufst das Beratungstelefon der Bundeszentrale für gesundheitliche Aufklärung (BzgA) unter 0180 5555444 an. Weitere Adressen und Telefonnummern – auch für Österreich und die Schweiz – findest du auf Seite 233.

Ein HIV-Test ist in Deutschland, Österreich und der Schweiz freiwillig. Man kann sich bei seinem Hausarzt und in Krankenhäusern (vorher nachfragen) testen lassen, dann wird er namentlich durchgeführt und mit dem Ergebnis in die Patientenakte eingetragen. Oder man geht zum Gesundheitsamt. Bei diesem Amt bleibst du anonym, weil du deinen Namen nicht zu nennen brauchst, sondern eine Code-Nummer bekommst. Bei Blut-, Organ- oder Samenspenden wird der HIV-Test automatisch durchgeführt.

Muss ich den Kontakt zu jemandem abbrechen,
der Aids hat?

Das HI-Virus kann nur über das Eindringen von Körperflüssigkeiten übertragen werden. Alle Kontakte, bei denen dieser Weg
möglich ist, sind für dich prinzipiell riskant. Bei alltäglichen Kon-
takten mit HIV-Positiven wird das Virus nicht übertragen: Hän-
deschütteln, Wangenküsse, Zusammenleben in einem gemeinsamen Haushalt, gemeinsames Arbeiten bergen also keine Gefahr.
Das gefährliche Virus wird auch nicht durch Mücken oder durch
andere Tiere übertragen. Wenn du nicht willst, brauchst du also
zu einem aidskranken Menschen nicht auf Distanz zu gehen, sondern kannst dich ganz normal verhalten.

Was ist eigentlich sexueller Missbrauch?

Man spricht von sexuellem Missbrauch, wenn ein Erwachsener
ein Kind (oder ein Mann eine Frau) dazu zwingt, mit ihm sexuellen Kontakt zu haben. Dazu gehört bereits, wenn der Ältere deine
Zärtlichkeit benutzt, um seine Sexualität anzuregen oder zu befriedigen, wenn er versucht, dich zu Zärtlichkeiten zu überreden,
und von dir verlangt, niemandem davon zu erzählen. Kurz: Wenn
du dich nicht mehr wohl und geborgen fühlst, sondern bedrängt
und benutzt. Um es ganz klar zu sagen: Es gibt nie und unter keinen Umständen die Möglichkeit zu Sex zwischen Erwachsenen
und Kindern, selbst wenn du (aus welchen Gründen auch immer)
meinen solltest, du müsstest einem Erwachsenen einen Gefallen
tun, etwa aus dem Gefühl heraus, du seist diesem Menschen Dank
schuldig oder müsstest ihm gefällig sein. Was er von dir verlangt,
ist die Teilnahme an einem Verbrechen.

Einige Beispiele für sexuellen Missbrauch: Man zwingt dich, gierige Blicke und sexuelle Redensarten zu ertragen, auch per Telefon oder E-Mail. Man zwingt dich zu Zungenküssen, dazu, dich nackt zu zeigen oder dich berühren zu lassen. Der Erwachsene zwingt dich, ihn nackt zu sehen, ihn anzufassen, ihn mit der Hand oder dem Mund zu befriedigen. Er will mit dir pornografische Abbildungen ansehen oder möchte sogar, dass du bei Pornoaufnahmen mitmachst. Er zwingt dich zum Geschlechtsverkehr über Scheide, Mund oder Darm, er nimmt dazu seine Finger, Gegenstände oder seinen Penis. Sexueller Missbrauch ist auch, wenn man dich in Chaträumen belästigt, dich auffordert, sexuelle Handlungen an dir vorzunehmen, oder dir pornografische Fotos per Mail schickt. Für viele Mädchen und Jungen beginnt der sexuelle Missbrauch manchmal schon im Säuglings- und Kleinkindalter. Meistens sind die Täter Männer, denen das Kind vertraut ist (nur manchmal fügen auch Frauen Kindern sexuelle Gewalt zu). Sexuelle Gewalt durch Männer kann sich sowohl auf Mädchen als auch auf Jungen beziehen. Der Großteil der Missbrauchsfälle geschieht im Bekannten- oder Verwandtenkreis. Der Täter ist etwa ein Freund der Familie, der Nachbar, der Babysitter oder der Sporttrainer. Aber – und das ist das eigentlich Schlimme – viele Täter kommen direkt aus der Familie: Vater, Stiefvater, Opa, Onkel … Sie wollen sich mit der sexuellen Gewalt das Gefühl von Überlegenheit, Befriedigung und Sicherheit verschaffen. Die sexuelle Befriedigung ist für sie meist nur zweitrangig. Die sexuelle Gewalt findet aber auch außerhalb der Familie statt, beispielsweise in der Schule, im Sportverein oder in kirchlichen Einrichtungen. Sie entwickelt sich oft über einen längeren Zeitraum, es geschieht nicht von heute auf morgen. Für dich bedeutet das: Jemand will dich ausbeuten. Dieser Mensch liebt dich nicht, sondern benutzt deine Liebe, deine Abhängigkeit oder dein Ver-

trauen. Er beschädigt deine Seele rücksichtslos. Du musst dir darüber klar sein, dass es keine Entschuldigung oder Ausrede für einen solchen Täter gibt. Er ist voll verantwortlich für sein Handeln. Kinder tragen niemals die Verantwortung für einen sexuellen Übergriff.

**TIPP**

Wenn du im Internet auf Seiten triffst, die dir verdächtig vorkommen, schreib auf, wie die Seite heißt und was dich daran stört. Du kannst von der Seite auch ein Bild machen: »Alt + Druck«-Tasten gleichzeitig drücken. Dann dieses Bild mit »Strg + V« in Word einfügen und speichern. Jetzt kannst du es sogar der Polizei zeigen.

### Was heißt eigentlich pädophil?

Pädophilie ist leider eine ziemlich häufige Form sexueller Verirrung. Pädophile Personen fühlen sich sexuell ausschließlich zu Kindern vor der Pubertät hingezogen. Pädophile (man kann auch Kinderschänder sagen) haben oft das falsche Wunschdenken, Kinder würden ihre Gefühle frei und ehrlich erwidern, und fehlinterpretieren dann das natürliche Zärtlichkeitsbedürfnis des Kindes als ein sexuelles Angebot. Kinder, die ihnen zum Opfer fallen, tragen seelische Störungen schlimmster Art davon. Wer davon weiß oder wer sogar selbst davon betroffen ist, muss sich in jedem Fall an die Polizei oder einen vertrauenswürdigen Erwachsenen wenden – übrigens auch dann, wenn man einen Erwachsenen nur wegen pädophiler Neigungen in Verdacht hat. Pädophile

Täter können meist sehr gut mit Kindern umgehen. Doch Verbrechen beginnen oft spielerisch; und was mit scheinbar harmlosen Zärtlichkeiten und einer angeblich vertrauensvollen Beziehung beginnt, endet oft in einer menschlichen Katastrophe.

## Kann ich einen Erwachsenen anzeigen, der versucht, sich mir sexuell zu nähern oder der mich missbraucht?

Selbstverständlich. Juristisch ist der sexuelle Missbrauch von Kindern im Strafgesetzbuch (StGB, §176 ff.) geregelt. Er wird in Deutschland als schweres Verbrechen eingestuft. Auf sexuellen Missbrauch stehen Freiheitsstrafen von sechs Monaten bis zu zehn Jahren. Allein schon der Versuch des sexuellen Missbrauchs eines Kindes ist strafbar. Auch der sexuelle Missbrauch von Jugendlichen (14- bis 18-Jährige) ist strafbar. Er ist unter § 182 StGB geregelt.

Du hast ein Recht auf Selbstbestimmung über deinen eigenen Körper! Vielen Mädchen und Jungen ist das gar nicht klar. Dein Körper gehört dir! Wenn jemand dich gegen deinen Willen berühren will, dann hast du das Recht, lautstark Nein zu sagen und dich zu entziehen – beispielsweise auch dann, wenn du dem Opa kein Küsschen geben willst, nicht willst, dass die Nachbarin deinen Kopf tätschelt, oder wenn du nicht mit dem großen Bruder kuscheln willst. Besonders kleinere Kinder sind sehr verstört und verwirrt und können dann gar nicht benennen, was mit ihnen geschieht. Selbst Jugendlichen fehlen oft die Worte – sie fühlen sich nur abgrundtief mies und mutterseelenallein mit ihrer Geschichte. Wenn du

die Handlung eines Erwachsenen als eklig, unangenehm oder Angst einflößend erlebst, dann trau deinen Empfindungen und nicht dem, was der Täter dir vielleicht einreden will. Da es keine einfachen und eindeutigen Antworten oder vorbereitete Handlungsanweisungen gibt, ist es am besten, wenn du dir jetzt Unterstützung suchst. Für jedes einzelne Kind und jeden Jugendlichen muss nämlich eine angemessene Hilfe und Lösung gesucht und gefunden werden. Vielleicht könntest du, bevor du zur Polizei gehst, zunächst mit jemandem, der dein Vertrauen hat, sprechen. Du kannst aber auch kostenlos beim Kinder- und Jugendtelefon anrufen (Telefon 0800 1110333). Rat und Hilfe findest du auch beim Jugendamt (ruf einfach die Telefonzentrale der Stadtverwaltung deiner Heimatstadt an und lass dich verbinden), bei der Telefonseelsorge (auf den ersten Seiten im Telefonbuch unter Notrufnummern) oder bei pro familia. Dein Arzt kann ebenfalls eine Anlaufstelle sein.

**TIPP**

*Für sexuellen Missbrauch gibt es nur selten echte Beweise. Schreibe deshalb auf, was dir passiert oder aufgefallen ist, was dir komisch vorkam oder dein Misstrauen geweckt hat. Auf diese Weise hast du ein Gedächtnisprotokoll zur Hand, mit dem du den Behörden helfen kannst.*

## Soll ich etwa meinen eigenen Vater anzeigen?

»Wenn du was sagst, hat dich der Papa nicht mehr lieb«: Wenn der eigene Vater der Missbraucher ist, dann ist das Kind in einer wirklich scheußlichen Lage. Damit sie leben und wachsen können, brauchen Mädchen und Jungen ihre Eltern. Sie brauchen Liebe, Zärtlichkeit, Hilfe und Schutz. Darauf sind Kinder einfach angewiesen. Und wenn ein Elternteil (aus welchen Beweggründen auch immer) dieses lebensnotwendige Bedürfnis benutzt, um seine sexuellen Wünsche zu befriedigen, dann macht er sich strafbar. Zu Hause, wo ein Kind ganz besonders geborgen und sicher sein sollte, ist es seiner Gewalt ausgeliefert.

Wenn dir so etwas zustößt, musst du dir unbedingt helfen lassen – und dazu kannst du auch deinen eigenen Vater anzeigen, wenn er deine Menschenwürde missachtet und dich verletzt.

Natürlich ist eigentlich deine Mutter diejenige, die dir am besten helfen könnte. Aber oft wissen Mütter von dem Verbrechen in der eigenen Familie und unternehmen trotzdem nichts dagegen, entweder weil sie sich unter Druck befinden oder weil sie nichts davon wissen wollen. Aber vielleicht gibt es ja in der Verwandtschaft oder Nachbarschaft einen Menschen mit Kraft und Mut – Oma oder Opa, eine couragierte Tante, einen Nachbarn, der sich von nichts und niemanden einschüchtern lässt. Du musst nur ein bisschen nachdenken.

Aber manchmal ist wirklich niemand da und du musst dir selbst helfen. Sexueller Missbrauch von Kindern ist immer eine Straftat und du solltest dir gut überlegen, mit wem du über deine Situation sprechen kannst.

Du kannst Leute ansprechen, zu denen du Vertrauen hast, beispielsweise die Vertrauenslehrerin in der Schule, deinen Pfarrer, deinen Arzt, das Jugendamt, pro familia oder das Kinder- und

Jugendtelefon (kostenlose Telefonnummer 0800 1110333). Du musst dir unbedingt Unterstützung holen.

Erstattest du nun Anzeige bei der Polizei, dann bringst du ein Ermittlungsverfahren in Gang. Darauf musst du vorbereitet sein. Wichtig ist, dass du weißt, was zu deinem Schutz unternommen werden kann und welche Konsequenzen deine Anzeige hat.

## Können auch Jungen vergewaltigt werden?

Im Internat, im Feriencamp oder im Sportverein: Auch Jungen können Opfer sein und vergewaltigt werden. Immer dann, wenn ein Mensch gegen seinen Willen mit Gewalt oder Drohungen zu sexuellen Handlungen gezwungen wird, ist das eine Vergewaltigung. Es gibt eine sehr hohe Dunkelziffer, aber man geht davon aus, dass jedes vierte Mädchen und jeder achte Junge mindestens einmal vor seinem 18. Lebensjahr sexuell missbraucht wird.
Bei kleinen Jungen ist der Täter oft der Vater oder der Stiefvater, bei älteren Jungen sind es häufiger männliche Bekannte oder Autoritätspersonen, die die Jungen mit Geld oder anderen Geschenken bestechen. Es können aber auch Mütter und Stiefmütter sein. Anders als Mädchen holen sich Jungen übrigens viel seltener Hilfe oder sagen gegen den Täter aus. Sie schämen sich, weil sie glauben, sie müssten alleine mit der Situation fertigwerden.
Darum: Sprich darüber, wenn du den Eindruck hast, etwas stimmt nicht! Nur dann kann sich etwas ändern.

## Warum dürfen Geschwister keine sexuelle Beziehung eingehen?

Wenn Menschen, die direkt miteinander verwandt sind, sexuelle Beziehungen haben, dann spricht man von Inzest oder, veraltet, von Blutschande. In beinahe sämtlichen Kulturen und Epochen war und ist Inzest zwischen Mutter und Sohn, Vater und Tochter und zwischen Geschwistern verboten. Das ist auch noch heute in Deutschland so: Sexuelle Handlungen zwischen Eltern und Kindern bis zum 18. Lebensjahr werden mit Freiheitsstrafen bis zu fünf Jahren bestraft. Wenn Volljährige mit ihren Geschwistern schlafen, drohen ihnen Freiheitsstrafen bis zu zwei Jahren. Hauptgrund für das Inzestverbot ist, dass die Kinder aus solchen Beziehungen sehr wahrscheinlich mit Erbschäden geboren werden.

## KAPITEL 10

Ein dunkles Kapitel:
Das Geschäft mit dem Sex

### ⭐ Was ist Sexismus?

Wenn Menschen nur aufgrund ihres Geschlechtes benachteiligt oder abgelehnt werden, ist das Sexismus. Vor allem die Werbung und bestimmte Medien sind oft sexistisch. Sehr oft sieht man dann Szenen, in denen der starke, beruflich erfolgreiche, unabhängige, coole Mann auf die schöne, aber etwas einfältige Frau trifft. Selbst wenn das alles ironisch gemeint sein mag: Durch ein derart dümmliches Rollenbild werden Frauen gedemütigt und oft genug auch zum bloßen Sexualobjekt herabgewürdigt.

### ⭐ Kann man Liebe kaufen oder verkaufen?

Wir leben in einer Zeit, in der viele Menschen meinen, mit Geld könnten sie alles kaufen, auch Liebe. Dabei gehört es zum Wesen der Liebe, dass sie ein freies Geschenk ist, das man mit nichts auf der Welt erzwingen kann. Schon gar nicht kann man Liebe kaufen. Was man da kauft, ist etwas anderes, jedenfalls nicht Liebe. Gekaufte Liebe ist eine Lüge.

Und damit ist auch schon alles zur Prostitution gesagt: Es ist ein Lügengeschäft. Clevere Geschäftsleute spalten den Sex von der Liebe ab und verkaufen ihn – über Medien, als Video oder sogar direkt, indem sie in aller Regel Frauen dazu verleiten, ihren Körper zur Ware zu machen und zu verkaufen. Wenn du etwas auf dich hältst, solltest du dabei nicht mitspielen. Du verlierst nicht nur Geld dabei, sondern unterstützt ein zynisches, nicht selten verbrecherisches System, in dem Menschen ihre Würde verlieren.

## Was ist Pornografie?

Nicht jedes Foto, das einen nackten Menschen zeigt, ist gleich Pornografie. Die Zeiten, in denen man sich über einen entblößten Busen oder Po aufregte, sind lange vorbei. Sogar in der Sixtinischen Kapelle und den vatikanischen Museen in Rom hängen die Bilder der großen Maler (Michelangelo und andere), auf denen die Schönheit des nackten Menschen gefeiert wird. Und es gibt wunderbare Aktfotografien, die den paradiesischen Zauber des unbekleideten menschlichen Körpers zeigen. Natürlich sind diese Bilder auch »erotisch« und nicht nur »Kunst«. Man darf sie genießen und sich daran freuen.

Pornografie hat hingegen wenig mit Erotik zu tun. Die Pornoindustrie vermittelt eine Bilderflut, die fast nur auf Geschlechtsteile fixiert ist. Ein Merkmal der Pornografie ist es, dass es ihr nie um die Menschen an sich geht, sondern immer nur um den Geschlechtsakt, um Geschlechtsmerkmale und Stellungstechniken. Frauen und Männer werden als Wesen gezeigt, die Tag und Nacht nichts anderes wollen, als miteinander ins Bett zu gehen: Männer mit Frauen, Männer mit Männern, Frauen mit Frauen, mehrere Personen miteinander, Pornografie kennt fast keine Grenzen und zeigt alle Details des Geschlechtsaktes. Zärtlichkeit, Gefühle und Liebe, die zur Persönlichkeit eines Menschen gehören, haben hier keinen Platz.

Was du wissen solltest: Pornografische Hefte, Filme und Gegenstände dürfen nicht an Kinder und Jugendliche unter 18 Jahren verkauft oder ausgeliehen werden. Strafbar ist Pornografie nur, wenn sie Gewaltverherrlichung oder Sex mit Kindern und Tieren zeigt.

### Sollte man Pornografie verbieten?

Studien zeigen eindeutig, dass es eine Verbindung zwischen harter Pornografie und gewalttätigen Sexualverbrechen wie Vergewaltigung, Mord und Körperverletzungen an Frauen und Kindern gibt. Mehr als drei Viertel aller Sexualverbrecher geben an, bei der Tat Praktiken ausprobiert zu haben, die sie in pornografischen Schriften oder Filmen gefunden hätten.

In der schärfsten Form, der Gewaltpornografie, wird Männern vermittelt, dass es ganz natürlich und selbstverständlich sei, Prostituierte auszubeuten, Frauen zu erniedrigen, zu misshandeln und zu vergewaltigen. Dorthin gehört auch die Kinderpornografie als gemeinster Ausdruck männlichen Machtmissbrauchs. Sie besagt: Frauen und Kinder sind eine Handelsware für die Sexualität der Männer. Man kann sie kaufen, verbrauchen, ja sogar missbrauchen. Pornografie verbreitet falsche Maßstäbe. Sie gaukelt ein Ideal makelloser Schönheit und dauerhafter Potenz vor. Sie tut so, als bestünde eine Beziehung ausschließlich aus Sex. Wer das alles für bare Münze nimmt, muss sich zwangsläufig mit Minderwertigkeitsgefühlen im Blick auf den eigenen Körper und mit Schuldzuweisungen und Enttäuschung im Blick auf den Sexualpartner auseinandersetzen.

Pornografie vermittelt, Treue sei langweilig, Sex habe keine Konsequenzen und man müsse sich für nichts moralisch verant-

worten. Sie sagt, dass man die eigenen sexuellen Wünsche rücksichtslos ausleben könne. Das hat verheerende Konsequenzen für alle Lebensbereiche, in denen Werte wie Liebe, Treue und Anstand gefragt sind.

Pornografie ist also letztlich ein heimtückischer Angriff auf die Würde des Menschen. Jeder muss für sich entscheiden, wie er damit umgeht. Ein staatliches Verbot der Pornografie – abgesehen von den bereits angesprochenen Bereichen Kinder- und Tierpornografie – ist zurzeit kein öffentliches Thema, obwohl sich viele Kreise dafür stark machen. Aber sie kommen gegen die Marktmacht der Pornoproduzenten nicht an. Ob es sich nun um Pornohefte, Peepshows oder Sexfilme handelt: Wenn du dafür Geld ausgibst, sponserst du Kriminelle und begibst dich in die Hände einer Industrie, die nur eines will: deine Kohle. In unserer Gesellschaft spielt Voyeurismus eine immer größere Rolle. Aber Sexualität wird auf diese Weise zum Konsumartikel. Die schönste Sache der Welt wird beziehungslos und anonym. Sie ist nur noch ein Wirtschaftsfaktor. Der Mensch bleibt dabei auf der Strecke.

## Telefon-Sex – die heiße Nummer?

Das ganze Spiel ist eine waschechte Täuschung: Am anderen Ende der Leitung sitzt keineswegs eines der bildhübschen Mädchen, die du in Fernsehshows und Soaps siehst, sondern irgendeine Frau, die dafür (schlecht) bezahlt wird, dass sie dem Anrufer vorgaukelt, wie toll sie ihn findet und wie heiß sie auf ihn ist. Vermutlich strickt sie nebenbei oder löst Kreuzworträtsel. Den schmutzigen Deal muss man offen schildern: Die Frau hat die Aufgabe, den Telefonprostitutionskunden durch geile Worte zum

Orgasmus zu bringen. Am einen Ende des Hörers die Stricktante und am anderen Ende der Typ mit dem offenen Hosenstall ... Wohlgemerkt: Jede Minute, die der Freier – und um nichts anderes handelt es sich in diesem Fall – länger am Hörer bleibt, ist bares Geld für das Unternehmen, das die »heiße« Nummer geschaltet hat.

### Wer gewinnt bei Sex im Netz?

In Deutschland wird mit Sex im Internet jährlich weit über eine Milliarde Euro verdient. Fast die Hälfte aller männlichen Internet-Surfer, so sagen Statistiken, suchen nach »nackten Tatsachen«. Auch wenn viele Seiten sogenannte »Pay Sites« sind – sprich, du musst dafür bezahlen, um gegen ein Passwort die entsprechenden Inhalte anschauen zu können –, so ist die Anzahl der frei verfügbaren Sex-Seiten doch immer noch sehr hoch. Ziel der Internetbetreiber ist das Geld des Kunden. Es geht um Sex als Ware, es geht um Profit. Jeder Klick ist eine Stimme für ein äußerst fragwürdiges Business und viel Geld, das aus der Hosentasche des Internetbenutzers gezogen wird.

**TIPP**

Pass gut auf, welche Seiten du dir anschaust, denn ein paar Minuten scheinbarer Spaß können dich sehr viel Geld kosten!

## Was kann man im Sexshop kaufen?

Sexshops sind »Supermärkte« für Sexprodukte. Es ist unglaublich, wie groß die Palette dessen ist, womit Menschen das Bettgeschehen beleben möchten. Die einschlägige Industrie tut natürlich alles, um Angebote für jeden Geschmack in den Laden zu stellen. Da gibt es Pornohefte und -filme oder Dessous, also ausgefallene Unterwäsche für Männer und Frauen. Da findet man künstliche Penisse (auch Vibratoren oder Dildos genannt) oder künstliche Vaginas mit und ohne Batteriebetrieb, Gummipuppen, Gleitcremes, Kondome, Düfte oder Potenzmittel. Ein durchschnittlicher Laden dieser Art dürfte ein paar hundert verschiedene Produkte auf Lager haben.

## Was sind Bordelle?

Ein Bordell ist ein Gebäude oder eine Wohnung, in der Prostitution betrieben wird. Die ersten Bordelle gab es vermutlich schon im antiken Athen. In den Bordellen arbeiten Prostituierte, die häufig bei den Bordellbesitzern angestellt sind und Abgaben entrichten. Oft tarnen Bordelle sich als Massagesalon, Sauna oder Partnerclub. Der Grund: Wer ein Bordell führt, muss stets mit dem wachsamen Auge der Behörden rechnen – vom Finanzamt über das Gesundheitsamt bis zur Gewerbeaufsicht. Außerdem gibt es Sperrbezirke, beispielsweise Wohngebiete, in denen keine Bordelle betrieben werden dürfen. Um die komplizierten rechtlichen Bestimmungen zu umgehen, wird daher mit allerhand Tricks gearbeitet.

## Was heißt eigentlich …

**… Bordell?** Das Wort stammt vom französischen *bordel* (= Bretterhüttchen) ab. Andere Bezeichnungen für Bordell sind Puff, Freudenhaus, Eros-Center oder Etablissement.

## Was ist überhaupt Prostitution und wie funktioniert sie?

Prostitution ist bezahlter Sex. Es gibt weibliche und männliche Prostituierte. Die weiblichen werden auch »Huren« oder geringschätzig »Nutten« genannt, die männlichen »Stricher« oder »Callboys«. In der Antike war Prostitution manchmal sogar eine Kulthandlung, bei der Frauen ihren Körper für die Götter hingaben. Die Geschichte dieses angeblich »ältesten Gewerbes der Welt« (was gar nicht stimmt) liest sich sehr abenteuerlich. Denn je nach Zeitgeist war die Prostitution gesellschaftlich anerkannt, stillschweigend geduldet oder untersagt.

Alle Versuche, Prostitution zu verbieten, sind gescheitert – egal in welchem Jahrhundert und in welcher Kultur.

Heute wird die Prostitution auf verschiedenste Weise ausgeübt. Prostituierte stehen an der Straße, haben einen Wohnwagen oder Kleinbus, arbeiten in sogenannten Massagesalons oder Sexclubs und bieten ihre Dienste über Zeitungskleinanzeigen oder über das Internet an. In der Regel arbeiten sie in Bordellen oder Appartements. Im letzteren Fall handelt es sich um sogenannte »Callgirls«. Das sind vielfach Edelprostituierte, die sich auf bestimmte Sexpraktiken spezialisiert haben und ohne Zuhälter für zahlungskräftige Kunden arbeiten. Der Freier vereinbart per Telefon einen

Termin (engl. call = anrufen) und trifft sich mit dem Callgirl im Appartement.

Sehr oft spielt sich Prostitution im kriminellen Milieu ab. Denn häufig haben weibliche Prostituierte einen Zuhälter, der sich zwar »Beschützer« nennt, weil er die Mädchen gegen Übergriffe von Freiern oder »Kollegen« verteidigt. Doch das ändert nichts an der Tatsache, dass Zuhälter nichts anderes sind als Mädchenhändler und Ausbeuter. Auch Drogenkriminalität ist in diesem Milieu sehr häufig zu finden. Eine moderne Form der Prostitution ist der Sextourismus.

## Was sind Stricher und Callboys?

Strich – das ist zu einem anderen Begriff für Prostitution geworden. Ursprünglich war der Strich nur die Straßenprostitution, was wohl daher kommt, dass früher die »Stellplätze« der Prostituierten manchmal mit einem Strich auf der Straße markiert wurden. Nur in diesem gekennzeichneten Bereich durften sie ihre Dienste anbieten.

Kurioserweise werden jetzt mit dem Begriff »Stricher« in der Umgangssprache männliche Prostituierte bezeichnet, und zwar solche, die im Gegensatz zu Callboys billigen Sex auf der Straße anbieten. Zu den Kunden der Stricher zählen fast nur homo- oder bisexuelle Männer. Frauen, die sich einen Strichjungen kaufen, wird man wohl kaum finden. Stricher sind überwiegend sehr jung, oft minderjährig. Viele von ihnen sind drogensüchtig, ohne Elternhaus oder von zu Hause abgehauen.

Callboys arbeiten nicht auf der Straße, sondern inserieren wie Callgirls über Kleinanzeigen in Tageszeitungen oder werden über spezielle Agenturen vermittelt. Ihre Arbeitsweise unterscheidet

213

sich nicht wesentlich von der der Callgirls. Zu ihrem Kundenkreis zählen neben Frauen vor allem homosexuelle Männer.

## Warum wird eine Frau Prostituierte?

Es gibt viele Gründe, warum Frauen dies tun. So stellt Prostitution eine Möglichkeit dar, scheinbar schnell und leicht Geld zu verdienen. Manche Mädchen, die von zu Hause weglaufen, sichern sich auf diese Weise ihren Lebensunterhalt. Das ist risikoloser als Diebstahl oder Raub, man verdient meist mehr und manchmal findet man so ein Bett für die Nacht. Oft spielen Kontakte zum »Milieu« eine Rolle. Häufig finanzieren Jugendliche durch die Prostitution ihre Drogensucht.

Nicht zu vergessen ist das Schicksal, das vor allem junge Frauen aus dem Osten oder der Dritten Welt erleiden. Angeworben werden sie meist durch sogenannte »Schlepper«, die ihnen im »goldenen Westen« gute Verdienstmöglichkeiten als Haushaltshilfen, Kellnerinnen oder Tänzerinnen versprechen. Diese Frauen werden wie Ware gehandelt und manchmal regelrecht auf Bestellung geliefert. Sie fristen ihr Leben in Bordellen und »Saunaclubs«, einschlägigen Wohnungen und auf dem Straßenstrich. Dort müssen die jungen Ausländerinnen ihre »Schulden« für Transport und Einreisepapiere abarbeiten, Pass und Rückflugticket werden ihnen zuvor abgenommen. Wer nicht gehorcht, wird geschlagen, vergewaltigt und drogenabhängig gemacht, in Extremfällen sogar umgebracht.

## Was sind Freier?

Früher sagte man von einem Mann, der auf Brautsuche war, er »wandele auf Freiersfüßen«. »Freien« bedeutete ursprünglich, um ein Mädchen oder eine Frau zu werben, mit dem Ziel, sie zu heiraten. Heute nennt man einen Freier einen Mann, der für Geld eine Prostituierte aufsucht. Einen anderen Begriff für einen »Prostituiertenkunden« gibt es eigentlich nicht.

## Kann man seine ersten sexuellen Erfahrungen auch bei einer Prostituierten machen?

Man kann natürlich, wenn man sich dazu nicht zu schade ist. Vielleicht glaubt ein junger Mann, er werde nie ein Mädchen finden, das ihn als erotisch anziehend und begehrenswert erlebt. Und gleichzeitig hagelt es aus allen Medienkanälen auf ihn herab: Sex, Sex, Sex. Da kommt der Gedanke: Ich muss das jetzt haben, um jeden Preis. Warum nicht einfach einmal ein Date mit einer Prostituierten vereinbaren? Dann hätte ich doch die Erfahrung, die es mir leichter macht, eines Tages eine dieser tollen Frauen zu erobern. Dazu kann man nur sagen: Diese Rechnung geht nicht auf, und zwar gleich aus mehreren Gründen. Erstens: Erfüllten Sex gibt es nur zum Preis einer intensiven Partnerschaft. Erste sexuelle Erfahrungen zu »konsumieren«, bedeutet, sich einer der schönsten Erfahrungen zu berauben, die man im Leben überhaupt machen kann – nämlich die, mit einem anderen Menschen, den man liebt, völlig eins zu werden. Bei einer Prostituierten wirst du diese Erfahrung garantiert nicht machen. Denn sie wird nie deine Geliebte sein, nie deine Partnerin werden. Sie wird dir Sex gegen Geld verkaufen.

Zweitens: Kein wirklich tolles Mädchen wünscht sich einen Freund, der schon bei einer oder mehreren Prostituierten war.

Drittens: Der Grund, warum du mit dem Gedanken spielst, dich einer Prostituierten zu bedienen, ist deine Unsicherheit, beim andern Geschlecht anzukommen. Daran gilt es zu arbeiten. Du kannst dein Äußeres verändern: ein peppiger Haarschnitt, neue Klamotten. Eine Sportart oder ein Hobby eignen sich dazu, selbstbewusster zu werden. Und dann gibt es viele Gruppen, in denen junge Leute zusammen sind und in denen du zeigen kannst, dass du ein Kerl mit Herz und Verstand bist, mit dem es sich lohnt, eine Freundschaft einzugehen.

## Wie funktioniert der Sextourismus?

Sextourismus ist eine Form der Prostitution. Denn ein Sextourist unternimmt eine Reise hauptsächlich aus dem Grund, im Urlaub sexuelle Abenteuer zu erleben. Da das vor allem billig sein soll, sind die Reiseziele meistens arme Länder. Dazu zählen die osteuropäischen Länder wie Tschechien oder Polen, Asien (vor allem Thailand), Afrika (zum Beispiel Kenia) oder Südamerika (wie die Dominikanische Republik). Per Bus oder Flugzeug, im Falle des Sextourismus oft abschätzig als »Bumsbomber« bezeichnet, wird die lüsterne Klientel in Länder verfrachtet, in denen sich bettelarme Mädchen für ein bisschen Kleingeld verkaufen (müssen), um ihre Familie über die Runden zu bringen. Aufgrund der schwachen wirtschaftlichen Verhältnisse in diesen Ländern sind die Lebensumstände für alleinstehende Frauen mit Kindern, besonders in den ländlichen Gebieten, extrem schlecht. Auch die Touristenhochburgen bieten nicht genug Arbeit, um die Frauen vor Prostitution zu schützen. Sie sind gesundheitlich und recht-

lich ungeschützt und komplett der Willkür der Urlauber, Kinder-schänder und selbst der eigenen Polizei ausgeliefert.

Oft »kauft« sich der Freier, also der Sextourist, ein einheimisches Mädchen oder eine Frau für die gesamte Zeit seines Urlaubs, was ihm das Gefühl einer befristeten Partnerschaft vorgaukelt. Viele Sextouristen suchen sich sehr junge Prostituierte aus, oft sind so-gar Kinder ihr erklärtes Ziel.

Tausende Deutsche verreisen pro Jahr mit dem Ziel, zu einem billigen Vergnügen zu kommen. Dabei verdrängen viele von ihnen mit unglaublichem Leichtsinn, dass sie zur höchsten Risiko-gruppe für Aids-Infektionen zählen. Gerade in den Ländern des Sextourismus ist Aids besonders verbreitet.

## KAPITEL 11

Und die Moral von der Geschicht':
Was zum Schluss gesagt werden sollte …

⭐ **Woher weiß ich denn, ob es richtig ist, was ich tue?**

Wie überall im Leben gibt es auch in der Liebe richtiges und falsches Handeln. Woher soll ich denn wissen, was richtig und was falsch ist, wirst du dich vielleicht fragen. Dazu gibt es eigentlich zwei Wege. Der erste Weg – ich nenne ihn einmal Weg A – ist in dir selbst angelegt, das heißt, die Überzeugungen kommen aus deinen eigenen Erfahrungen, Gefühlen und Gedanken. Der andere Weg – nennen wir ihn Weg B – kommt aus der gesammelten Erfahrung vieler Menschen (es ist das, was man auch als Normen und Gebote bezeichnet).

Weg A sagt: Wenn du genau in dich hineinhörst, wenn du deiner inneren Stimme vertraust, wirst du nicht falsch handeln können. In jedem Menschen ist etwas angelegt, das ihm sagt, dass man nicht gegen die Liebe und gegen die Wahrheit verstoßen darf. Wenn du eine Beziehung mit einem Mädchen eingehst, wird dir deine innere Stimme sagen, dass alles, was ihr tut, in Übereinstimmung mit der Liebe geschehen sollte. Die beste Beschreibung dessen, was die Liebe tut, ist 2000 Jahre alt; du findest sie in der Bibel, im 13. Kapitel des 1. Korintherbriefs. Da sagt Paulus: »Die Liebe ist langmütig, die Liebe ist gütig. Sie ereifert sich nicht, sie prahlt nicht, sie bläht sich nicht auf. Sie handelt nicht ungehörig, sucht nicht ihren Vorteil, lässt sich nicht zum Zorn reizen, trägt

das Böse nicht nach. Sie freut sich nicht über das Unrecht, sondern an der Wahrheit. Sie erträgt alles, glaubt alles, hofft alles, hält allem stand. Die Liebe hört niemals auf …« Die andere Richtschnur ist die Wahrheit. Lügt einander niemals an, und versucht, ehrlich zueinander zu sein.

Weg B sagt: Es gibt in jeder Gesellschaft und Kultur bestimmte Richtlinien, die aus der Erfahrung und dem Nachdenken der menschlichen Gemeinschaft herkommen; es sind die sogenannten Normen und Gebote, die das Miteinander der Menschen regeln. Das nennt man auch »Moral«. Überall wo mehrere Menschen zusammenleben – beispielsweise in einer Familie, einem Ort oder einem Staat –, geben sie sich bestimmte Regeln, ohne die eine Gemeinschaft nicht funktionieren würde. Viele dieser Übereinkünfte haben sich über Generationen hinweg entwickelt und bewährt. Zwar verändern sich im Laufe von Jahrzehnten die Ansichten darüber, was »man tut« und was »man nicht tut«, trotzdem dient die herrschende Moral als verlässlicher Kompass für das eigene Handeln.

Weg A und Weg B zusammen ergeben ein Handeln, mit dem du dein Leben und auch deine Liebe in die richtigen Bahnen lenken kannst.

★ Gibt es in der Sexualität Normen und Gebote,
gegen die man nicht handeln soll?

Normen gibt es in der Sexualität genauso wie in der Schule, in der
Familie, am Arbeitsplatz oder im Verein. Ein Leben ohne Normen und Gebote führt ins Chaos. Ein Zusammenleben erst recht
nicht, wobei die Gesetze der Sexualität nirgendwo bis ins Letzte
festgeschrieben sind, weil sie immer von den beiden Menschen
»geschrieben« werden, die gemeinsam ihr Leben gestalten möchten. Wir Menschen orientieren uns in unseren Entscheidungen
an diesen Regeln, um zu erkennen, ob wir richtig liegen oder ob
wir uns neu an der Wahrheit und der Liebe orientieren müssen.
Die Moral ist nicht in allen Gesellschaften und allen Gruppen
gleich. Einig ist sich unsere Gesellschaft immerhin darin, dass jeder Mensch ein Recht auf seine Bedürfnisse hat, solange dadurch
ein anderer Mensch nicht eingeschränkt oder verletzt wird.
Ein alter Grundsatz besagt: Was du nicht willst, das man dir tu,
das füg auch keinem andern zu. Das gilt auch in einer Beziehung.
Du solltest den Menschen, auf den du dich einlässt, also mit seinen Sehnsüchten, Hoffnungen und Erwartungen ernst nehmen,
wie du selbst auch von ihm ernst genommen werden willst.

★ Wofür braucht man denn so etwas wie Scham?

Nehmen wir an, ein Unternehmer in der Dritten Welt lässt Kinder für sich arbeiten und zahlt ihnen dafür einen Hungerlohn.
Einen solchen Menschen würde ich einen »schamlosen« Ausbeuter nennen. Genauso gibt es einen »schamlosen« Lügner. In
beiden Fällen haben wir es mit Menschen zu tun, die eigentlich
genau wissen, wie sie handeln müssten: Man beutet keine Kinder

aus und man lügt nicht. Sie wissen es und handeln nicht danach. Scham, das ist ein Gefühl, etwas getan zu haben, was sich nicht gehört. Wer sich schämt, der fühlt sich nicht besonders gut dabei.

Was bedeutet aber Scham in der Liebe? Um gleich ein Missverständnis auszuräumen: Es hat nicht in erster Linie etwas damit zu tun, wie angezogen oder nackt man ist. Das ist eine kulturelle Vereinbarung. Es gibt Völker, die fast ohne Kleider auskommen. An vielen Stränden badet man heute teilweise oder ganz nackt. Dagegen ist grundsätzlich nichts einzuwenden. Man kann angezogen »schamlos« sein und nackt sein und trotzdem dem Anstand entsprechen. Schamlos sein heißt: lügen, seine wahren Absichten verbergen, jemanden zu etwas zwingen, was er nicht will, ihn nötigen.

Wenn die Liebe zwischen zwei Menschen wächst, wenn die beiden intimer miteinander werden, dann spielt dabei die Scham eine große Rolle. Ich meine das vorsichtige und liebevolle Aufeinanderachten, bei dem, was man dem anderen zumuten kann, und auf das, was den anderen verletzen könnte. Richtige Scham ist etwas sehr Positives; sie schützt die Liebe.

## Einige sagen, Sex sei Sünde, stimmt das?

Sünde ist ein Begriff aus dem christlichen Glauben. Eine Sünde begeht, wer klar weiß, was er zu tun hat, und aus vollem Willen das Gegenteil davon tut. Der Glaube sagt: Wer das tut, verletzt Gott, er »sündigt«.

Sex an sich ist weder gut noch böse. Gut oder böse können nur Menschen sein, die gut oder böse handeln können. Der christliche Glaube sagt, dass alles, was Gott geschaffen hat, gut ist – auch die

221

Sexualität. Es ist also nur die Frage, wie der Mensch sie gebraucht. Gebraucht er sie so, dass er selbst oder ein anderer Mensch dabei Schaden nimmt, so sündigt er mit dem Sex. Gebraucht er ihn richtig, so handelt er, wie Gott es vorgesehen hat.

Wer also, indem er seine Sexualität gebraucht, etwas gegen die Liebe, die Verantwortung und die Wahrheit tut, der sündigt. Hier ein paar Beispiele: Wer die Zeugung eines Kindes riskiert, ohne zur Elternschaft bereit zu sein, der sündigt mit seiner Sexualität, denn er hat Verantwortung auch für das Kind, das der sexuellen Begegnung entspringen könnte. Ein anderes Beispiel: Wer jemanden gegen seinen Willen zu sexuellen Handlungen verführt, sündigt mit Sicherheit.

### Sind die christlichen Kirchen mit ihrer Lehre von der Liebe nicht sehr sexfeindlich?

Dieses Vorurteil hört man oft – und nicht ganz ohne Grund. In der Vergangenheit haben sich oft leibfeindliche Elemente in den christlichen Glauben eingeschlichen, die eigentlich gar nicht zu ihm passen. Eine Zeit lang meinte man, die Seele sei mehr wert als der Leib. Diese Ansicht, die aus der griechischen Philosophie stammt, kann sich aber nicht auf die Bibel stützen. Dort heißt es, Gott habe den Leib erschaffen, und es ist sogar von der Auferstehung des Leibes die Rede – also selbst im Leben nach dem Tode spielt der Leib (und damit die Sexualität) eine Rolle! Das gibt es in keiner anderen Religion.

Manche meinen, die Kirchen seien »sexfeindlich«, weil sie sehr hohe ethische Ansprüche an den Menschen stellen. Alles, was der Mensch zu tun hat, ist in dem Gebot der Liebe zusammengefasst. Um die Liebe vor der Lüge und dem Missbrauch zu schützen,

wurden viele Regeln entwickelt, die aber manchmal den Kern verdecken und das, wozu sie da sind. Man muss im Grunde genommen alles von diesem Kern »Liebe« her betrachten, dann versteht man es besser.

Nennen wir einmal ein paar dieser hohen ethischen Vorgaben im Bereich der Liebe, die von allen christlichen Kirchen vertreten werden: Christlich gesehen ist es niemals richtig, Sex von der Liebe zu trennen – Sex ist der körperliche Ausdruck der Liebe, und wo Sex anders gebraucht wird, kann das nur auf Kosten des Menschen geschehen. Klar ist darum auch, dass sich die christliche Ethik gegen jede Form von Prostitution wendet und Pornografie konsequent ablehnt.

Ein weiterer Punkt, an dem der christliche Glaube heute oft aneckt, ist seine Ablehnung der Abtreibung. Christen haben von Anfang an so gedacht und sie mussten sich in der Antike in einer Gesellschaft durchsetzen, in der es noch üblich war, dass man kleine Mädchen bei der Geburt umbrachte, weil sie als weniger wertvoll galten als Jungen. Dagegen musste sich eine Religion verwahren, in der kein Mensch (so klein und abhängig er auch immer ist) einem anderen Menschen »gehört«: Gott hat diesen Menschen geschaffen und gewollt; er liebt diesen Menschen und will, dass er lebt.

Christen mussten lernen, dass selbst das Kind im Bauch seiner Mutter nicht ihr Eigentum ist. Darum haben Christen keine andere Wahl, als Abtreibung abzulehnen, genauso wie sie übrigens die Euthanasie (Tötung von alten, behinderten oder kranken Menschen) ablehnen müssen.

Schwer zu verstehen ist auch, dass die christliche Ethik die Ehe als eigentlichen Ort der Sexualität bezeichnet und daher vorehelichen Geschlechtsverkehr kritisch betrachtet. Das muss man wiederum vom Kern, nämlich der Liebe, her betrachten. Die Liebe zwischen

Mann und Frau soll nicht ein flüchtiges Abenteuer sein, sondern eine tiefe, lebenslange Bindung. Zu ihr gehören absolute Treue und die Bereitschaft, Kindern eine liebevolle Heimat zu geben.

Und gegen noch etwas ist die christliche Ethik: Wenn jemand Sex zu seiner »Religion« macht und sie über alles andere stellt. Das verstößt gegen das erste Gebot der Bibel: »Du sollst neben mir keine anderen Götter haben« (Dtn 5,7). Die Erfahrung lehrt übrigens: Wer etwas anderes als Gott zum absoluten Mittelpunkt seines Lebens macht – Erfolg, Geld, Macht oder Sport zum Beispiel –, der wird zum Sklaven dieser Sache; er verliert seine Freiheit. Das gilt auch für den Sex.

Die christlichen Kirchen wenden sich gegen lieblosen oder absolut gesetzten Sex, gegen Perversionen, Pornografie, Prostitution, Untreue, Fremdgehen und Abtreibung. Ist das wirklich »sexfeindlich«?

Man kann es auch ganz anders sehen: Es gibt auf der Erde keine andere Gemeinschaft, die ein so hohes Ideal von der Liebe hat, wie das Christentum. Es ist sehr schwer, diesem hohen Ideal zu folgen. Aber besser man versucht es, soweit man kann, als sich gleich mit billigeren Lösungen zufriedenzugeben.

## Was sagt die Bibel zu Liebe und Sexualität?

Jeder weiß, dass die Bibel mit einem Paar, nämlich mit Adam und Eva, beginnt: »Gott schuf den Menschen als sein Abbild, als Mann und Frau schuf er sie« (Gen 1,27). An anderer Stelle heißt es: »Es ist nicht gut, dass der Mensch allein bleibt … Darum verlässt der Mann Vater und Mutter und bindet sich an seine Frau, und sie werden ein Fleisch. Beide, Adam und seine Frau, waren nackt, aber sie schämten sich nicht voreinander« (Gen 2,18.25).

Manchen wird es verwundern: Die schönste Liebesgeschichte der Welt – ein sehr freizügiges Lied auch auf die erotische Liebe – steht ebenfalls in der Bibel. Lies einmal das Hohelied Salomos aus dem Alten Testament, du wirst staunen, wie zauberhaft und positiv dort die Erotik dargestellt ist! Hier preist ein Liebender die Schönheit in poetischen Vergleichen:

*Schön bist du, meine Freundin, ja, du bist schön.*
*Hinter dem Schleier deine Augen wie Tauben.*
*Dein Haar gleicht einer Herde von Ziegen,*
*die herabzieht von Gileads Bergen.*
*Deine Zähne sind wie eine Herde frisch geschorener*
*Schafe, die aus der Schwemme steigen.*
*Jeder Zahn hat sein Gegenstück, keinem fehlt es.*
*Rote Bänder sind deine Lippen; lieblich ist dein Mund.*
*Dem Riss eines Granatapfels gleicht deine Schläfe*
*hinter dem Schleier.*
*Wie der Turm Davids ist dein Hals, in Schichten von*
*Steinen erbaut;*
*Tausend Schilde hängen daran, lauter Waffen*
*von Helden.*
*Deine Brüste sind wie zwei Kitzlein, wie die Zwillinge*
*einer Gazelle, die in den Lilien weiden.*
*Wenn der Tag verweht und die Schatten wachsen, will*
*ich zum Myrrhenberg gehen, zum Weihrauchhügel.*
*Alles an dir ist schön, meine Freundin; kein Makel*
*haftet an dir.*

Da sich die Bibel über mehrere tausend Jahre entwickelt hat, kann man in ihr auch eine Entwicklungsgeschichte des Verhältnisses von Mann und Frau entdecken. Gab es am Anfang noch den

Brauch, dass ein Mann viele Frauen haben konnte (»Gideon hatte 70 leibliche Söhne, denn er hatte viele Frauen«, Ri 8,30), so wird zunehmend der Wert der Frau entdeckt. Von Jesus ist gleich eine Reihe von zeichenhaften Handlungen überliefert, durch die er die soziale Stellung der Frauen aufwertet und sie dem Mann gleichstellt. Sprichwörtlich ist die Hochschätzung der Ehe durch Jesus in einem bestimmten Wort geworden; er sagt: »Was aber Gott verbunden hat, das darf der Mensch nicht trennen« (Mt 19,6). Damit geht Jesus gegen die Praxis seiner Zeit an, in der es üblich war, eine Frau zu verstoßen und sich eine andere zu nehmen.

Aber in diesem Wort Jesu zeigt sich für einen gläubigen Menschen noch mehr: Wenn sich Mann und Frau entschlossen haben, eine Ehe miteinander einzugehen, und damit vor den Altar treten, dann ist das nicht mehr nur eine Sache zwischen zwei Menschen. Gott nimmt das Versprechen der beiden ernst und verbindet sie in der Tiefe. Christlich gesehen hält eine Ehe daher nicht so lange, wie die Gefühle zwischen zwei Menschen hinreichen; die Ehe ist eine Verbindung, bis der Tod Mann und Frau voneinander scheidet.

## Warum heiratet man überhaupt?

Dafür gibt es viele Gründe. Der erste Grund ist sicherlich nach wie vor die Liebe. Die Liebe selbst ist so etwas Großes, dass Menschen natürlicherweise das Gefühl haben, dass sie mehr ist als ein vertragliches Geschäft zwischen zwei Menschen unterschiedlichen Geschlechts. Sie wollen einander in einem feierlichen Akt sagen, dass ihre Liebe nicht mehr aufhören solle, komme, was da wolle. Die Liebe sagt: Ich will dich annehmen, auch wenn du einmal krank oder unansehnlich oder alt sein wirst.

Aber natürlich hat es auch soziale Gründe, dass man heiratet.

Kinder brauchen eine intakte Familie mit Vater und Mutter. Früher war die Ehe auch eine Art Versicherung für die Frau: Der Mann verdiente das Geld, und wenn die Verbindung auseinander ging, stand die Frau oft mittellos auf der Straße, und sie hatte in aller Regel auch noch die Kinder zu versorgen. Es ist daher verständlich, wenn die Gesellschaft in allen Kulturen der Erde die Ehe hochhielt und sie mit besonderen Schutzmaßnahmen versah. Wenn der Mann das Weite suchte, zahlte schließlich die Allgemeinheit die Rechnung für die männliche Selbstverwirklichung.

Die christliche Ehe – Katholiken nennen sie ein Sakrament – geht noch weit über diese Vernunftgründe hinaus. Sie rechnet damit, dass die Ehe etwas Heiliges ist, ein Schwur vor Gott, aber auch etwas, das Gott auf besondere Weise segnet und in dem Gott auf besondere Weise wirksam ist. Viele Leute heiraten auch heute noch kirchlich. Manche Paare suchen dabei nur den feierlichen Akt und die prächtige Kulisse. Wer tiefer nachdenkt, nimmt das Wort der Bibel ernst, dass in der Ehe etwas von Gott her geschieht, das man nicht leichtfertig aufs Spiel setzen darf.

## Ist eine nichteheliche Lebensgemeinschaft nicht ehrlicher als eine Ehe?

Im deutschsprachigen Raum scheitert heute fast jede dritte Ehe, wobei es nicht unerheblich ist, dass kirchlich geschlossene Ehen dabei immer noch dauerhafter sind als solche, die nur vor dem Standesamt geschlossen werden. Viele Jugendliche sehen die kaputten Ehen ihrer Eltern und sagen sich: Wir wollen es besser machen; wir heiraten erst gar nicht. Wenn dann die Gefühle füreinander aufhören, trennen wir uns einfach. Das ist doch ehrlicher.

Wenn ein Kind da ist, sind Mann und Frau für immer Mutter und Vater dieses Kindes. Eine Trennung ist für ein Kind immer eine Katastrophe, die kaum mehr gutgemacht werden kann. Aber auch dann, wenn kein Kind aus der Verbindung von Mann und Frau hervorgeht, ist doch die Liebe mehr als ein Kontrakt auf Zeit. Einem Menschen zu sagen: »Ich liebe dich«, das bedeutet unendlich mehr, als wenn man sagt: »Ich kann dich bis auf weiteres gut gebrauchen« oder »Es wäre doch nützlich, wenn wir jetzt mal unsere Haushalte und Bankkonten zusammenlegen würden«.

Aber ist es nicht doch ehrlicher zuzugeben, dass man das Eheversprechen nicht für alle Zeiten geben kann? Wer weiß denn, was in drei, fünf oder zehn Jahren sein wird? Richtig ist, dass niemand weiß, wie er in ein paar Jahren aussehen und denken wird. Aber das ist gerade ein Merkmal der Liebe, so groß zu sein, dass man buchstäblich Kopf und Kragen riskiert und einen ungedeckten Scheck auf die Zukunft ausstellt. Wenn man diesen Scheck nicht vollen Herzens ausstellen kann, sollte man sich eingestehen, dass es nicht Liebe ist, was man fühlt, und – weitersuchen.

Das Versprechen in nicht ehelichen Partnerschaften lautet: »Ich will mit dir leben, solange es uns beiden Spaß macht.« Damit ist in den Kern der Verbindung der Same des Zweifels gesät. Zumindest einer der beiden könnte sich sagen: Ich will jetzt mit diesem Menschen zusammen sein, aber so ein ganz kleines bisschen möchte ich mich auch noch auf der Piste befinden – kann ja sein, dass mir eines Tages eine noch tollere Frau/ein noch tollerer Mann über den Weg läuft. Zusammenleben ist nun auf die Dauer kein Zuckerschlecken; man lernt sich mit allen Ecken, Kanten und Schattenseiten kennen. In einer solchen Phase, in der es gerade mal keinen Spaß macht, kommt dann mit einiger Sicherheit die tollere Frau/der tollere Mann daher, und aus ist es mit der Beziehung. Das Spiel beginnt von vorne und ein Mensch bleibt zurück, der Jahre seines Lebens und vielleicht tiefere Gefühle als der andere Partner investiert hat.

## Kann man einander Treue bis zum Tod schwören?

Das beweisen unzählige Paare, bei denen es gut gegangen ist; Paare, die 30, 40, 50 Jahre miteinander gelebt, geliebt und gestritten haben, aneinander und miteinander gewachsen und alt geworden sind, fast wie ein Paar unzertrennlicher Freunde. Das ist eine fantastische Sache, vielleicht die schönste, die es zwischen Menschen gibt.

Das große Wort »Ich liebe dich« will gut geprüft sein und muss vorbehaltlos gegeben werden können. Damit meine ich nicht die kleinen Worte der Zärtlichkeit. Ich meine das große »Ich liebe dich«, das durch viele Prüfungen, durch Höhen und Tiefen und durch Enttäuschungen gegangen ist – ich meine das Wort, das am Ende einer gründlichen und nüchternen »Testphase« steht.

Eines Tages muss es möglich sein, einander wirklich zu kennen und anzunehmen, komme, was da mag. Bevor das nicht beide Partner so empfinden, sollte man niemals sagen: Wir wollen heiraten! Wer heiraten will, sollte dem anderen buchstäblich »todsicher« vertrauen können, dass er es mit der Treue und Endgültigkeit seiner Entscheidung wirklich ernst meint. Natürlich handelt es sich auch bei dem besten Paar nur um fehlbare Menschen. Die beiden werden einander mit Sicherheit verletzen, möglicherweise sogar sehr tief. Aber beide wissen, dass die Liebe größer ist als alles, was geschehen kann.

Religiöse Menschen sagen immer wieder, dass ihnen der Glaube, dass Gott in ihrer Ehe anwesend ist, sehr hilft. Sie wissen, dass lebenslange Treue eigentlich eine Überforderung des Menschen

229

ist. Aber sie erfahren, dass es in der Hoffnung auf Gottes Hilfe immer noch einen Weg zueinander gibt, wenn alle menschlichen Möglichkeiten erschöpft scheinen. Darum ist es ihnen so wichtig, ihre Verbindung unter den Segen Gottes zu stellen. Und auf lange Sicht kommt es dann zu etwas, das mit allem Geld der Welt nicht aufzuwiegen ist: Liebe, die durch alle Höhen und Tiefen gegangen ist.

## Wohin kann ich mich wenden, wenn ich nicht mehr weiterweiß?

Für Jugendliche gibt es verschiedene Beratungsstellen. Dort können Mädchen und Jungen, aber auch Erwachsene hingehen, wenn sie Fragen zu Sexualität und Verhütung, zu einer ungewollten Schwangerschaft oder zu ihrer Beziehung haben. Auch bei Gewalt in der Familie, in der Schule oder im Freundeskreis gibt es Anlaufstellen, die dir Hilfe zusichern. Der Besuch ist in aller Regel kostenlos. Es gibt eine Menge Informationsmaterial zu den einzelnen Fragen. Wer sich beraten lassen will, macht vorher einen Termin mit einem Berater/einer Beraterin aus. Das Angenehme an den Beratungsstellen: Wer seinen Namen nicht nennen möchte, wird anonym beraten und bekommt die Hilfe, die er oder sie braucht. Und noch etwas: Die Mitarbeiter sind verpflichtet, die Gespräche vertraulich zu behandeln. Die Adressen und Telefonnummern der Beratungsstellen findest du im Telefonbuch, im Internet, aber auch in der Zeitung.

# Anhang

## Information und Beratung
## bei Organisationen in deiner Umgebung

(Telefonnummern im Telefonbuch, in den Gelben Seiten oder im Internet)

→ Arbeiterwohlfahrt
→ Deutscher Caritasverband
→ Deutscher Paritätischer Wohlfahrtsverband
→ Deutsches Rotes Kreuz
→ Diakonisches Werk
→ Donum Vitae e.V.

→ Gesundheitsamt
→ Jugendamt
→ Kinderschutzbund
→ Kolping
→ pro familia
→ Sozialdienst katholischer Frauen

## Information und Beratung im Internet

www.bzga.de (Bundeszentrale für gesundheitliche Aufklärung)

www.aidsberatung.de (HIV, Aids)

www.aidshilfe.de (HIV, Aids)

www.bist-du-staerker-als-alkohol.de (Alkohol)

www.drugcom.de (Suchtmittel)

www.familienplanung.de (Verhütung)

www.gib-aids-keine-chance.de (HIV, Aids)

www.gutdrauf.de (Ernährung, Bewegung)

www.kenn-dein-limit.info (Alkohol)

www.lambda-online.de (Homosexualität, Coming-out)

www.loveline.de (Liebe, Partnerschaft, Sexualität)

www.schwanger-unter-20.de (Schwangerschaft)

www.sexundso.de (Sexualität, Verhütung, Beziehung)

www.sextra.de (Sexualität, Verhütung, Beziehung)

www.wildwasser.de (Sexuelle Gewalt)

## Information und Beratung per Telefon

**Bundeszentrale für gesundheitliche Aufklärung (BZgA)**
0221 892031 (Essstörungen und Suchtvorbeugung)
01805 555444 (HIV, Aids)
01805 313031 (Sucht, Drogen)

**Kinder- und Jugendtelefon des Kinderschutzbundes**
bietet Hilfe und Rat bei Problemen aller Art
»Die Nummer gegen Kummer«
0800 1110333

**Telefonseelsorge (evangelisch)**
0800 1110111

**Telefonseelsorge (katholisch)**
0800 1110222

**Unabhängige Beauftragte zur Aufarbeitung
des sexuellen Kindesmissbrauchs**
0800 2255530

# Wichtige Adressen in Deutschland, Österreich und der Schweiz

**Aids Hilfe Wien (Verein)**
Mariahilfer Gürtel 4
A-1060 Wien
Tel.: +43 (0)1 5953740
Fax: +43 (0)1 595370016
E-Mail: wien@aids.at

**Aids-Hilfe Schweiz**
Konradstraße 20
8005 Zürich
Postfach 1118, 8031 Zürich
Tel.: +41 (0)44 4471111
Fax: +41 (0)44 4471112
E-Mail: aids@aids.ch

**Bundeszentrale für gesundheitliche
Aufklärung (BZgA)**
Ostmerheimer Str. 220
51109 Köln
Postfach 910152, 51071 Köln
Tel.: +49 (0)221 89920
Fax: +49 (0)221 8992300
E-Mail: poststelle@bzga.de
*Die Bundeszentrale hat eine spezielle
Hotline für Jugendliche »Loveline«:
www.loveline.de*

**Deutsche AIDS-Hilfe e.V.**
Bundesgeschäftsstelle
Wilhelmstraße 138
10963 Berlin
Tel.: +49 (0)30 6900870
Fax: +49 (0)30 69008742
E-Mail: dah@aidshilfe.de

**Deutscher Bundesjugendring**
Mühlendamm 3
10178 Berlin
Tel.: +49 (0)30 40040400
Fax: +49 (0)30 40040422
E-Mail: info@dbjr.de
Internet: www.dbjr.de

**Deutsche Hauptstelle für
Suchtfragen (DHS) e.V.**
Westenwall 4
59065 Hamm
Tel.: +49 (0) 2381 9015-0
Fax: +49 (0) 2381 901530
E-Mail: info@dhs.de

**Lesben- und Schwulenverband
in Deutschland (LSVD)**
Bundesgeschäftsstelle
Pipinstraße 7
50667 Köln
Postfach 103414, 50474 Köln
Tel.: +49 (0)221 925961-0
Fax: +49 (0)221 925961-11
E-Mail: lsvd@lsvd.de

**pro familia-Bundesverband**
Stresemannallee 3
60596 Frankfurt/Main
Tel.: +49 (0)69 639002
Fax: +49 (0)69 639852
E-Mail: info@profamilia.de

# Register

Register